# Edilma Ángel

Una historia basada en hechos reales.
Por privacidad he cambiado los nombres de los protagonistas.
Utilicé diálogos basados en las conferencias telefónicas y personales que sostuve durante el proceso de sanación. Para darle realce a la obra.

# Trastorno de personalidad múltiple

## ¿Ficción o Realidad?

# D'har Services
## Editorial Arte en Diseño Global

Publicado por
D'har Services
P.O. Box 290
Yelm, Wa 98597
www.dharservices.com
info@dharservices.com
dharservices@gmail.com

Publicado e impreso en Estados Unidos

# Dedicado a:

Mi amado Dios.

Raúl mi amor y mi compañero del alma.

Mis hijos Raul Leandro y Juan Sebastián, mis ondas de amor
y entendimiento en este camino de vida.

Mi hermosa hija Dayana Andrea y su esposo Sthepen,
representan para mí el amor y la ternura.

Mi hermosa familia, Mami, hermanas, hermanos y sobrinos.

Jazmín, Patty, Carmen: gracias por compartir
esta gran experiencia, son mi familia de corazón.

Sanako y Carolyn, mis compañeras en esta travesía.

Gina Xiomara García, mi bella sobrina y creadora de esta bonita
carátula.

## En especial a:

A aquellas personas que se les escapa la vida, y a los que se envuelven en sí mismo, olvidando mirar un poco más allá, a nuestros queridos hermanos, para que dancemos juntos en el rítmico vaivén de la vida, bajo el manto de nuestro creador.

¡Todos somos uno!

Edilma Ángel, escritora, psicoterapeuta y sanadora. En Colombia, se desenvolvió en el ámbito del Turismo con Planeamiento Turístico y Gerencial, Marketing y Ventas. Brindó apoyo logístico en misión in situ, al Instituto Interamericano de Derechos Humanos (IIDH). Proporcionó apoyo administrativo a organizaciones internacionales, entre ellas, la Inter American Foundation (IAF), en un proyecto de la Organización de las Naciones Unidas para la Agricultura y la Alimentación (FAO) y otras Organizaciones no gubernamentales (ONG).

Incursiona en las medicinas no tradicionales: "Pranic Healing", "Advanced Pranic Healing", "Pranic Psychotherapy", "Kriyashakti", "Magnified Healing", "Reik", "Terapy of Spiritual Response" y La Sanación del Cuerpo Azul.

El amor por el arte lo plasmó en estudios de Decoración de Interiores, en la Universidad de Miami. Participó al curso: "El Arte de Escribir Novelas" ofrecido por el profesor Orestes A. Pérez. Su disciplina hace de ella un ser integral y creativo.

Apoya a los seres que desean mejorar su condición personal y emocional. En sus libros: Mujer de la sombra a la luz, Yo elijo recordar y Trastorno de personalidad múltiple ¿Ficción o realidad?, donde ofrece varias sugerencias motivacionales.

Obtenlos en: www.amazon.com

Pertenece al "Club de Literatura" que dirige su amiga Francisca Argüelles. Ha participado en las antologías del club: Un Horizonte Literario, 2010 / Navegante de Palabras, 2011 / El Espacio Infinito del Cuento, 2014/ Idilio entre prosa y verso, 2016 y En Washington, en la antología "Mind Ripples", 2013

Es socio fundador y directora de D'har Services, Editorial Arte en Diseño Global. Y del grupo Inter-Cambio Arte y Literatura, en Olympia, Washington.

# PREFACIO

Escribí este libro para brindar una esperanza, en las personas que cuentan con familiares que sufren de trastornos mentales: Psicosis o Trastorno de Personalidad Múltiple, llamado actualmente Trastorno de identidad disociativo.

La trágica historia de Jazmín, una niña que a temprana edad le fue robada su ilusión de vivir mágicamente entre peluches y muñecas. Aunque fue mimada y muy querida en su familia. ¡Algo pasó... y su ser entristeció! La percepción de su realidad se alteró y le fue difícil mantener una conducta motivada, se aisló del círculo de amistades y de su entorno. Quedó a la deriva cual frágil fragata remolcada alocadamente por las olas del mar.

Su historia se entrelaza con la mía y la vida nos une a través de la distancia y del espacio.

Escribo esta versión de su vida como tributo a su valor y enaltecer su condición de mujer.

*¡Puedes sanar, si llenas tu corazón de amor y ternura!*

Edilma Ángel

En aquella época de tiempo sin tiempo, en las laderas de una hermosa montaña un frondoso árbol erguía majestuoso su silueta. Los setos bajos y la hojarasca, cubren por doquier el lecho suave donde sus hojas se posan, retozando entre los abedules «las cebras de los bosques» de troncos matizados en grises y blancos.

Junto a ellos, se destacan apacibles y serenos los hermosos pinos verdes, erigiéndose hacia el pináculo más alto, irrumpiendo mágicamente en su presencia.

¿Cuántos inviernos, primaveras, otoños y veranos han pasado? ¿Qué representa cada una? ¿Qué nos contarán?

En otoño se visten de múltiples dorados, rojizos, verdes, amarillos y marrones. ¡Oh magnificencia que iguala en colores al paraíso que soñamos! Luego caen humildes ofrendando su vida para sustentar la nuestra.

En invierno, bajo el manto helado de la nieve las hojas son cubiertas, se descomponen y fortalecen sus raíces.

En la primavera, majestuosas se rediseñan así mismas y se adornan con vistosos colores, a la par de las incomparables flores aromáticas, que nos confortan e infunden energía.

En los vibrantes veranos el tapiz de hojas verdes es un verdadero carnaval, cual esmeraldas puras, sustentan y prolongan toda vida.

El sol, la tierra y el agua se unen con los otros elementos, como padres amorosos, alimentando las especies, que siguen su danza sin parar. En la noche se elevan las mareas bajo la penetrante e indómita luz de la luna, y bajo su penumbra salen en sigilo los hombres, los fantasmas, los coyotes, los que gustan del vibrante ritmo de la música, y también otros emprenden su camino a lugares que animan al celo y la lujuria.

Sí, es la vida misma en todas sus etapas. Los ciclos de vida y muerte rítmicamente entrelazados, cual melodía, sostenida y suspendida en el tiempo, sin tiempo. Marcando el ciclo de la vida.

Luego interrumpen las trompetas, timbales y tambores, y suben el ritmo en notas estridentes y metales fríos de acústica cerrada que todo enerva. Este es el compás de nuestra vida, que unidos a la fuente eterna cual brotes tiernos nacemos y morimos en el instante mismo. En los bailes de la creación en el espacio interior, que afecta el tiempo y la energía misma para formar nuestro destino.

❧ ❧ ❧

Recibí una llamada... y una voz llorosa murmuraba:

—Ayúdame, mi hija está muy mal... descubrí... algo espantoso. ¡Mi nena está muy mal!

Ese día de verano se convirtió en invierno para ellas y vinieron en candente danza a entrelazarse con mi vida. Me oí responder:

—Sí, claro, con mucho gusto. ¿Puedes venir ahora?

—Sí, ahora mismo salgo. Llegaré en una hora.

Al recibirlas, llamó mi atención que a la niña se le veía su cabecita metida y hundida entre sus hombros. La niña rondaba los siete años, estaba intranquila y no sostuvo mi mirada. Ella quería esconderse o escapar.

La madre me relató que se enteró cuando estaba con la niña en su país de origen, donde celebrarían el rito católico de la Primera Comunión, eligieron compartir ese momento especial en unión de su familia.

Todo marchó bien... hasta que Jazmín supo que debería confesarse para poder recibir su Primera Comunión, en ese momento se soltó a llorar, y durante esa semana estuvo muy sensible, se le aguaban los ojitos por cualquier cosa, quedaba por largo tiempo en silencio, tal vez pensando en: ¿Qué podría hacer?

El sábado siguiente en la preparación de la Primera Comunión, Jazmín no pudo contener su llanto, se le veía muy triste.

El sacerdote que celebraría la ceremonia al verla tan afligida le preguntó:

– ¿Qué te pasa? Cuéntame.

–Padre, yo no puedo hacer la Primera Comunión.

–¿Por qué hijita? ¿Por qué dices eso? Confía en mí.

Jazmín entre sollozos le dijo al sacerdote:

– Es que... me da pena.

El sacerdote veía como la niña se refregaba sus ojitos y entre sus manos ocultaba su carita.

– Tranquila Jazmín – le dijo con afectuoso gesto– ¡Cuéntame!

— Es que... es que mi primo me toca... y... yo no quiero. El sacerdote le contó a Patty, la madre de Jazmín, que en esos momentos los hombros de la nena subían y bajaban al ritmo de los sollozos, que del alma le brotaban. Y no escuchaba lo que el sacerdote le decía, solo repetía cual disco rayado.

—No puedo recibir la Comunión, no soy pura. No la puedo recibir Padre. ¡Buaaa! ¡Anhishhh!!

—Vamos, cálmate nena ¿Quién te dijo que no eres pura?

—Padre, me da vergüenza, ¿no lo ve? Mi primo me, me, me toca allá. Yo no quiero y él no me hace caso.

— ¿Tu madre lo sabe?

—¡No Padre!, si sabe me castigará, tengo miedo porque les he desobedecido. Papá y mamá siempre me han dicho que si alguien me hacía daño, debía contárselo, yo no pude decírselo, Padre.

—Hija, tu madre te quiere mucho, estoy seguro que no te castigará, y tu si podrás hacer la Primera Comunión, ¿Permites que yo se lo cuente? Verás que todo se resolverá.

—¿De verdad Padre?

—Si hija, te lo aseguro ¿Cómo se llama tu primo?

– Joel.

–Hijita no llores, todo se solucionará, hablaré con tu madre y te repito ¡Puedes hacer la Primera Comunión! En el nombre de Dios, yo te perdono.

Jazmín desde los cuatro o cinco años estaba viviendo la experiencia de ser tocada por su primo mayor. Él acariciaba su pequeño cuerpo con una mano mientras con su otra mano se masturbaba. Incluso aprovechaba los momentos en que estaban los adultos en casa, cuando hacían sus quehaceres diarios. Entre más ruido hicieran mejor: cocinando, usando la aspiradora, la lavadora y secadoras, el sonido del televisor que ponían para ver sus programas favoritos y las novelas que eran el pan de cada día. Programas que son una invitación y avivan la curiosidad de niños y adolescentes, y amarga a los adultos, cuando recuerdan las cosas que ellos mismos ocultan.

Y sucedió por la curiosidad de un chico en formación, que careció de una correcta directriz para entender los ciclos básicos de su cuerpo, donde los adultos amparados tras la máscara del silencio creen que si no comentan nada con sus hijos, nada harán, piensan que sus hijos no sienten nada. Olvidando lo que sentían cuando fueron jóvenes.

Los padres son el modelo para enseñar y plantar en los niños y adolescentes la semilla del respeto hacia sí mismos y los demás. A veces no se dan cuenta que el silencio empeora las cosas. Yo los invito a que hagan acopio de tranquilidad e instruyan a sus hijos; antes de hablar pregunte a sus maestros que enseñanza sobre la sexualidad han impartido a su hijo o hija. Explore las ideas preconcebidas que tiene el adolescente, haga preguntas e investigue si quieren ahondar más sobre el tema. Si el joven tiene dudas y te hace preguntas, respóndalas honradamente y describa los tópicos determinados.

෴ ෴ ෴

La familia de mi historia reside en una zona cálida, razón por la cual el aire acondicionado permanece prendido las 24 horas del día, para conservar el ambiente bien frío. La sala de estar de la casa contaba con un sofá grande para ver televisión, ahí mantenían frazadas para cubrirse del frío.

Un panorama perfecto para un chico en formación donde la curiosidad fue cómplice del silencio de la niña. Un medio creado por los mismos adultos y donde se desarrollaron los hechos.

¿Dónde estaban los adultos que no se percataron de nada?

Tal vez sumidos en sus propios pensamientos y problemáticas diarias, y velaron sus ojos; no se dieron cuenta que la nena y el jovencito pasaban mucho tiempo mirando programas de la televisión.

Hasta señalaban en ocasiones, lo juicioso que era Joel quedándose en la casa sin salir a jugar con sus amigos, que le gustaba cuidar a la nena.

❧ ❧ ❧

El sacerdote llamó a Patty; le relató lo sucedido.

Ella sintió que su corazón se contraía de dolor. Llorar fue su primera reacción, desconsolada exclamó:

—No Padre, no puede ser, no es posible Joel... ¡No puede ser! Padre, ¿qué debo hacer?

— Querida, perdonar y hablar con la familia, para que puedan tomar los correctivos adecuados, para ayudar a los niños, te recomiendo hablar con las autoridades competentes de tu país de residencia. Por ahora vamos a tranquilizar a Jazmín y a seguir con los preparativos de la Primera Comunión.

El corazón de Patty se llenó de una inmensa tristeza, y una rabia e impotencia interna la cubrió, esperaba enfrentar a Joel y hacer los correctivos necesarios.

La nena estaba emocionalmente lastimada. Patty se sentía muy mal por ver tan triste a su hija. Entonces algo hizo su aparición..., se sintió culpable. Si, la culpabilidad hizo su entrada triunfal. Esa es la segunda reacción; el gran verdugo que nubla la razón humana. Se recriminó así misma ¿Qué hice yo? ¿Dónde estaba yo, que no me di cuenta? Se repetía una y otra vez. ¿Por qué no me di cuenta?

Le contó el problema a su mami y sus cuatro hermanas, el desconcierto no dejó campo a preconcebir ninguna idea de venganza, solo las agobió el dolor y la tristeza. Patty guardó su dolor y esperó a compartirlo con su esposo Javier, quien llegaría el día siguiente para la ceremonia de Comunión. Temía que él fuera a reaccionar violentamente contra su sobrino Joel, sin embargo tenía que contárselo, como el padre de Jazmín, no se lo podía ocultar.

Cuando se lo comentó a Javier, el quedó callado y no murmuró nada, ella interpretó que se sentía herido y le pidió que no comentara nada hasta llegar a los Estados Unidos, hablarían con Joel y sus padres, para juntos hacer las correcciones. La mamá de Joel es hermana mayor de Javier y es su gran amiga, confiaba que podrían superar este problema. No previó que su propio esposo el padre de Jazmín, tomara partido a favor de su sobrino. ¡No creyó en ella!

—Que ocurrencia la tuya, estás equivocada. ¡Equivocada! ¿Me oyes? Joel sería incapaz de hacer algo así.

—Javier. ¿Cómo se te ocurre que yo puedo inventar algo así? Habla con el sacerdote, él me lo contó.

—Esas son mentiras de Jazmín, como la tienes tan consentida; no le voy a preguntar nada y no quiero hablar más sobre el tema.

¿Por qué actuó así? El silencio quedó como ente invisible entre los dos. Él causó un gran daño en su hija y su esposa.

Llegó el día de la Primera Comunión. Jazmín se veía hermosa con su vestido blanco. Podríamos decir que disfrutó de su fiesta. Aunque, para una persona perspicaz que le mirara a los ojos podía leer que el dolor estaba alojado en ella y le hacía perder el brillo de la ilusión al recibir los regalos y el amor que le profesaban sus tías y su abuelita.

Fue un momento de distracción y tranquilidad, psicológicamente pusieron un escudo, no querían enfrentar el hecho, pronto llegaría el momento de regresar a casa, ya verían que rumbo tomarían.

Javier no soportó la incertidumbre y cuando llegó a los Estados Unidos, lo primero que hizo fue preguntarle a Joel, quien negó todo y dijo que Jazmín estaba inventando.

Él creyó en su sobrino, ya había tomado partido a su favor, oír que Joel lo negaba lo tranquilizó. Se sintió seguro y ratificó su pensamiento, todo era un invento de Patty, quien aleccionó a la niña para hacer algún perjuicio a su hermana y su familia.

¡Oh, que terrible desilusión produjo en el corazón de su esposa! Javier le causó un gran daño emocional, no contar con él fue devastador. Un sentimiento de desamparo la cubrió, la amargura y desesperación minaron sus fuerzas, le perdió el respeto y el amor quedó sepultado bajo la fatalidad que rondó su alma; desde ese momento su debilidad se acrecentó y se sintió disminuida, lo odió y se odió a sí misma. De paso hizo una gran herida emocional en su hija, que se sintió abandonada y su alma quedó menguada. Su propio padre le dio la espalda cuando más la necesitó y se atrevió a llamarla embustera. No tuvo el más mínimo amor o ternura para protegerla, y le aplicó el mayor castigo, la ignoró.

Patty no podía callar. Llegó la hora de afrontar el hecho, aunque, sentía en su alma un dolor profundo; había fallado como madre. Después de largas noches de no conciliar el sueño y llorar. Se volcó en atenciones para con su hija. Protegerla sería su premisa, tendría que enfrentarse al destino ineludible. Se sentía sola, sin el apoyo de su esposo, incluso le dirigía la palabra solo para lo necesario. ¡No podía callar! Tenía que confrontar a Joel y hablar con Susan, la madre de Joel.

Ella confiaba en Susan y la gran amistad que las unía, le comentó lo sucedido y la reacción de su amiga no fue la esperada; de inmediato le refutó:

—Eres una mentirosa, ¿qué estás inventando? ¿Cómo te atreves a denigrar a mi muchacho que es tan bueno? ¿Qué te hemos hecho nosotros, para que nos hagas algo así?

—Susan, yo no he inventado nada, esto es muy serio, me lo contó el sacerdote y Jazmín me lo confirmó.

El golpe seco del sonido del auricular en su oído, fue la respuesta que recibió. El alma de Patty quedó desolada, estaba sola. Se debía a su hija. La llevaría a su pediatra para pedirle algún consejo, y para que la remitiera a un buen Psicólogo.

❧ ❧ ❧

Susan por su parte llamó a su hijo «Joel ahora de quince años».

—Joel, ¿es cierto lo que Patty me acaba de contar?

—¡No mamá no es cierto! ¡Yo no le hice daño, ellas están mintiendo! No abusé de Jazmín, te juro que no le causé ningún daño. Debes creerme mamá.

Susan creyó en su hijo, en su alma no hubo comprensión, ni compasión. Se sintió atacada, precisamente por la persona que consideró su mejor amiga.

෮෯ ෮෯ ෮෯

Otro rumbo:

¿Por qué Javier tomó partido por su sobrino y no protegió a su hija? ¿Qué sentimientos albergaba como padre? ¿Por qué no creyó en su esposa y se atrevió a decirle que era mentirosa?

Cada esposo es el reflejo de su pareja, si él la estaba juzgando como mentirosa era porque él lo era. Desconoció o no quiso cumplir a cabalidad con la función principal de ser padre. Dar protección, cuidado a un niño hasta que sea mayor y en todas las facetas como: alimento, vestido, apoyo psicológico. Un niño no sabe mentir, lo aprende del contacto con adultos y lo hace consciente al llegar a la adolescencia.

෮෯ ෮෯ ෮෯

¿Qué creyó cada madre?

Susan, buena madre de sentimientos caritativos, no podía creer que ella y su esposo hubieran fallado en la educación de su hijo, además, formaban una familia muy unida. Por eso le fue más fácil creer en su hijo y su mente se consumió en pensamientos hostiles por sentirse agraviada. Como adulta no creyó en su pequeña sobrina, prefirió pensar que fue inducida por su madre, solo para hacerle daño.

Patty una joven mujer también de corazón noble, creía en su hija, sabía que la niña no mentía y la veía muy afectada. Aunque, le daba pesar por Joel, le tenía cariño y lo apreciaba. No sabía por qué escaló a contextos insospechados, le dolía la situación. Ahora estaba sola y con mucho cargo de conciencia; había fallado como madre.

Ninguna tomó el tiempo de honrar la amistad y hablar desde su ser interno para ayudarse mutuamente. Patty trató de acercarse, pero Susan no aceptó hablarle. Las dos estaban muy dolidas.

Jazmín amaba a su tía, y le decía:

—Mami, yo puedo decir que fue una mentira mía, para estar unidos todos en familia, yo quiero a mi tía y a mis primos, me siento muy sola.

—No hija así no se solucionan las cosas, dime mi amor. ¿Qué sentirías si Joel apareciera por aquí?

—Mami, ¿la verdad? él me da un poco de miedo....yo...yo no sé, —estrujaba sus manitas nerviosamente—.

—Oh mi nena, tranquila, todo saldrá bien, por ahora no podemos hacer nada, los médicos remitieron el caso a una trabajadora social, hay que esperar y ver qué pasará, lo importante para ti es que ahora estás con tu abuelita y conmigo, nadie te hará daño.

Los lazos de amistad que unía a las madres quedaron destruidos e irrumpieron en el panorama todos los bichos que carcomen el árbol de la vida. El odio gobernó y la baja autoestima cogió alas, el dedo índice estaba en plena extensión, ellos y nosotros. No perdían oportunidad de hablar mal de unos y de otros, la victimización aumentó. Patty intuía que a Joel también debió sucederle algo en su niñez; por ello su conducta, pensaba así porque ella misma no podía creer que él hubiera actuado conscientemente.

❧ ❧ ❧

La energía discordante como: culpa, traición, humillación, baja autoestima, rabia, frustración, intolerancia, resentimiento, egoísmo, mezquindad, vergüenza, injusticia, mentira, crítica, infelicidad, dolor y tristeza, la víctima interna que cada uno lleva, más la sed de venganza... llegó para mantener atados a los corazones de cada uno de los integrantes de las dos familias. El odio se posesionó como un rey, gobernó sus acciones y se volvió vengativo, no escatimó recursos para abusar de la palabra y del tiempo de cada uno. No podían moverse sin su supervisión y sus órdenes eran ejecutadas a precisión, si rodaban cabezas no importaba, y así poco a poco se apoderó de los egos heridos que todos llevamos dentro y su soberanía se paseó en sus desoladas almas. Hojas que el viento hizo caer y el invierno las cubrió. El verano no pudo reanimar a esas hojas lastimadas.

La familia se dividió, se convirtieron en enemigos de la noche a la mañana. Solo porque Jazmín se atrevió a decir la verdad y denunciar el comportamiento del muchacho. Aquí se castigó la verdad y crearon un infierno; en medio de este caos Javier se unió a su sobrino y hermana. Se unió a la jauría que las rodeó. Todos las acusaron de mentirosas.

¿Y qué vino después?

Empezó el hostigamiento social: madre e hija fueron juzgadas, condenadas y aisladas de la familia paterna, no merecían un puesto dentro de tan respetada familia, y Luis el padre de Joel, ni se diga, ¡Su corazón clamaba venganza! Y no lo dejaba concebir pensamientos de perdón, de amor o entendimiento. En esos momentos de rencor exclamaba: "¿Cómo es posible que difamen a mi hijo? No hay justicia, mi pobre hijo tan inocente, viejas mal nacidas. – ¿Quién se cree esa Patty que puede llegar y enlodar la reputación de mi hijo? ¡No se lo permitiré! La acusaré ante las autoridades para que la deporten de este país.

Esos comentarios él los hizo ante unos amigos, que luego se lo comentaron a Patty, otra duda más. ¿Qué inventarían para hacerla deportar?

La madre de Joel entró en una pena profunda, lloraba y lloraba, no podía creer que alguien a quién ella ayudó y quien fue su gran amiga la traicionara así y le pagara con ese dolor tan grande, –sentía que se moría– y decía:

– ¿Cómo pudieron inventar eso, por seguro la Patty lo inventó y aleccionó a la niña, para hacernos este mal, tal vez lo que quiere es dinero, ¿cómo es posible? –Se preguntaba–, si Joel es tan bueno.

Por otra parte, Javier le dio la espalda a su hija, se amparó en su cobardía, su hombría se menguó y entró en un abismo sin fondo, cerró la llave al amor, el letargo se posicionó en él, un ente con su alma destruida. Tal vez prefirió creer en la mentira de su sobrino, para no hacer sufrir a su hermana mayor, –su segunda madre y gran soporte en su vida–, encontró una solución para evitarse problemas con la familia. ¡Guardó silencio y se desentendió de todo! Creando un mayor problema a nivel emocional en Jazmín.

Susan, una mujer muy especial que en ese momento olvidó su caridad, sintió rencor y la vergüenza envolvió su razón. Sus sentimientos se dividieron, unos clamaban justicia y otros se sentían heridos, creó más pena a toda su familia.

Joel negaba y perjuraba que él no hizo nada que perjudicara a la niña; pero su ser interno se estaba muriendo de miedo y de vergüenza, su cobardía se afianzó al sentirse respaldado por su familia, de ahí se enganchó con fuerza para no caer, para no derrumbarse.

Él no sabía que entraba a una cárcel, la peor, la que se teje en el alma y no te deja libre ni un solo instante. En Estados Unidos y otros países sí un adulto comete abuso infantil, es llevado a la cárcel, y en USA sí es indocumentado es deportado a su país de origen. Parece que la deportación era otra cosa más que tendría Joel que enfrentar.

❧ ❧ ❧

El tiempo sigue su inexorable marcha. Quiero aclarar que solo atiendo casos esporádicos y este es uno de ellos.

El día que Jazmín llegó a mi casa, sentí que su fragilidad y su pureza llenaron mi espacio, daban ganas de borrar de su mente aquello que la estaba perturbando, un bello ángel terrenal de largos cabellos oscuros, con su cabeza hundida entre los hombros, su mirada melancólica y sin brillo. Estaba frente a mí, quería abrazarla, parecía una hoja frágil y lastimada a punto de desconectarse de su fuente.

Le apliqué el proceso de Sanación de Psicoterapia Pránica, una técnica que remueve las energías discordantes, se ejecuta con las manos y no se toca a la persona. Cuando terminé, la pequeña entró en un sueño profundo, en un descanso energético, solo que esta vez fue muy prolongado, ¡para mí fue una verdadera sorpresa! Pasó una hora y cuarenta minutos dormida... no despertaba, me acerqué a la camilla y le hablé, no se movía, su sueño era apacible, a las dos horas abrió los ojos y solo dijo "quiero dormir", acomodó su cuerpo de lado y siguió durmiendo por otra hora y media. Cuando despertó se le veía descansada. «Sé que cuando aplico Psicoterapia Pránica, la persona queda dormida por unos minutos. Este hecho me demostró el grado anímico de desgaste emocional que llevaba la nena.

Mientras la niña dormía, Patty me contó que le llevó al pediatra para que la examinara, esperando que la remitiera a un psicólogo. Pero lo que pasó fue; que de allí llamaron a las autoridades, y ahora ellos estaba al cargo del caso, remitiéndola a una trabajadora social, quien haría los seguimientos adecuados. Iniciarían en contra de Joel un proceso en la Corte. Con el solo hecho de mencionar la Corte, se formó un caos entre las familias. A todos los involucrados se les convirtió la vida en un infierno, bailaban al ritmo de las más estridentes notas que los cubrió con un manto metálico, pesado.

En esa ocasión por ser menor de edad, la que tenía que decidir por ella, era su mamá o un adulto responsable.

Hasta aquí supe de ellas. Tal vez por la distancia tan larga que existía desde su casa a la mía, no les fue posible continuar con un tratamiento. Las vi solo en dos veces en reuniones culturales.

Solo que el tiempo sigue su marcha y toda corriente desbordada entra paulatinamente a su cauce.

કરહ કરહ કરહ

Años más tarde, por cosa del destino, Susan la madre de Joel llegó, tenía un problema severo en su piel, había estado bajo tratamiento médico con especialistas en Estados Unidos. Y en su país de origen, allí también pasó por yerberos, además de haber intentado curarse con cuanto remedio casero le decían. Llevaba todo su cuerpo cubierto de llagas, a causa de una rasquiña terrible que la tenía desesperada, daba pesar verla, rascándose con frenesí desgarraba su propia piel.

Yo solo sano con mis manos y a veces uso un péndulo de acrílico (pasta) que me ayuda para hacer las remociones de energías. Para mí, es la energía del amor de mi Dios actuando a través de mi ser.

En la primera sesión de sanación, su cuerpo respondió, quedó tranquila y su nerviosismo bajó muchísimo, puedo decir sin temor a equivocarme que después de varios años, por fin encontró paz, su rasquiña desapareció con un tratamiento corto, se curó, le inspiré fe. Su problema era emocional debido a todos los eventos que tenía con sus hijos. La piel de nuestro cuerpo es el órgano más grande que tenemos, cuando lo saturamos de emociones negativas, causa reacción de rasquiña hasta generar llagas, la piel parece un volcán en erupción, e irrumpe en el peor de los casos origina una enfermedad grave.

Después de ver y sentir su propia sanación, me pidió que ayudara a su hijo. Temía por él y me dijo:

—Se van a llevar preso a Joel, a mi pobre hijo tan inocente, esas falsas acusaciones que le hicieron, lo tienen al borde de la desesperación y de la deportación. El proceso que continúa Patty contra él, lo ha afectado tanto, que no quiere ni salir de la casa, subió mucho de peso. ¿Me lo puedes ayudar? Me da pena verlo encerrado, él ya está en una cárcel, ni siquiera sale con nosotros por el temor que le tiene a la Policía.

—Susan, intenta hablar con Patty para aclarar la situación y llevar a feliz término...

—Edilma, la verdad prefiero que no toquemos ese tema.

—Ok, así será, si tu hijo desea que lo trate, acepto ayudarlo.

En la siguiente semana cuando vi a Joel, daba tristeza, danzaba al ritmo de un réquiem. Su estado mental y emocional estaban muy maltratados y su autoestima por el piso. Un ser indefenso, avergonzado de sus propias pasiones, humillado, lastimado, odiando a las mujeres y lo peor se odiaba a sí mismo; tanto que no podía apaciguarse, se arrepentía de sus acciones, y no conseguía consuelo. ¿Cuánto diera él por devolver el tiempo? Odiaba sus manos, su cuerpo, sus instintos, sentía vergüenza de su propia sexualidad.

Ayudarle, fue arduo, se juzgaba sucio y se culpaba por toda la catástrofe que creó para su familia, ese "hecho" le había cambiado su vida radicalmente, su vergüenza estaba tan arraigada que no dejaba que la sanación avanzara. Fue un proceso de mucha calma, hasta que poco a poco derribé sus miedos y ataduras, cuando sintió que yo no lo acusaba, que no estaba en contra de él, se apaciguó.

Supe que había ido en contra de su voluntad, en la primera sanación. Al finalizar las terapias, lo invité a que retomará su vida de muchacho joven; así lo hizo.

Las energías que manejan los muchachos a esa edad y la falta de guía de adultos tranquilos que tengan el valor de hablarles sobre los impulsos sexuales y lo que son: algo hermoso a experimentar, el motor de procreación de la raza humana. Aún es un tema tabú en pleno siglo XXI.

No se dan cuenta que en la Internet pueden ver y averiguar de todo, aunque mucha información es errónea. La responsabilidad es que sean enseñados por padres y adultos.

తༀఈ తༀఈ తༀఈ

La incomprensión de los adultos que estaban involucrados en esa escena apretaba mi corazón, me estremecía al sentir el dolor y percibir las destrozadas almas que nadaban en el mar de tribulaciones creados por ellos mismos.

A Jazmín, la niña que se atrevió a contar, le sumaron otro dolor mayor, la encadenaron para siempre a la culpabilidad de ver a su familia dividida. La destruyeron emocionalmente. Ella que fue la nena consentida de su padre, de sus tías, que jugó con sus compañeritas de su familia del alma, sus amigas sus primas y su primo Joel, a quien ella quería y temía al mismo tiempo.

Deseaba que nada de eso hubiera ocurrido, sus Navidades y cumpleaños jamás volvieron a ser lo mismo. Su familia paterna con la que creció y compartió sus primeros años, no estaban presentes en su vida; si los encontraba en algún lugar público; hacían como si no la conocieran y se apartaban de su camino, los amigos en común tomaron partido donde no se les había invitado, tal vez para evitarse problemas, en sus reuniones, si invitaban a la familia de Joel, excluían a Jazmín y Patty o las invitaban a ellas y no invitaban a los otros.

En el núcleo familiar de Jazmín, la situación no mejoró tampoco, Patty acudía a reuniones acompañada solo de su hija. Javier, tal vez por pena, no volvió a dar la cara. Aunque, tiempo después ellas se enteraron que él inventaba disculpas para no estar con ellas, pero sí se reunía con su hermana y Joel donde ellos fueran invitados. Javier con esa actitud causó mucho daño a su hija y su esposa. ¿Él lo supo y lo hizo adrede? ¿Lo quiso ignorar o fue un cobarde? ¿Por qué no cambió su actitud?

Tal vez Javier llevaba cargos de conciencia que no lo dejaba actuar y lo llevó al autocastigo, ¿guardaría algún secreto? ¿Qué le hizo perder su honor?

¿¤¿ ¿¤¿ ¿¤¿

Jazmín fue creciendo y en su subconsciente también crecieron los traumas:

- Cada vez que se le acercaba un muchacho alto, de complexión corpulenta, sentía un escalofrío que le recorría todo su cuerpo... le recordaban a Joel.

- La vaguedad de su papá, que trataba de pasar desapercibido en la casa, como un fantasma, siempre ocultándose sin atreverse a mirarla. La hacía sentir culpable y sucia, su autoestima bajaba cada día más, pensaba ella, que por eso su papá ni la miraba.

- Ver a su madre triste, compungida, con sus grandes ojos llenos de tristeza casi a punto de soltar el llanto y sobreprotegiéndola, se sentía insegura y se reprochaba a si misma que por haber dicho la verdad ahora su querida madre estaba sufriendo.

- Ver a su abuelita que la miraba entre ternura y preguntas, sin saber cómo ayudarla, y sumado que la abuelita, mujer buena crecida bajo la fe del catolicismo, todo lo solucionaba con rosarios y oraciones.

A propósito en cada una de las oraciones católicas se ensancha la culpabilidad del individuo, y por la muerte de Jesús, que él lo hizo por nuestros pecados. Lo más triste es que en pleno siglo XXI aún las religiones se valen de esa muerte para tener condenada a la humanidad, enriqueciendo a los pastores que ahondan la pena del culpable, con la quimera del perdón. Poniéndose ellos como intermediarios para eximir de toda culpa, cuando en realidad están creando la división entre los seres humanos.

Qué distinto sería todo, si nos enseñasen: que solo requerimos ver nuestros programas de energías discordantes, observarlos, ponerles nombre (odio, ira, dolor, stress, tristeza, pena, etc.), luego sentir la energía represada dentro de nuestro cuerpo, sentirla y dejar expresar esa energía en nuestro cuerpo, para recuperar el poder que nosotros mismos le hemos otorgado a esas energías o circunstancias. En seguida decir que está bien, que todo está basado en una percepción falsa de nuestro ego, y por último para contrarrestar su efecto, lo transmutamos, exclamando con sentimiento profundo:

Yo trasmuto esa_____ en____ (dices la energía opuesta, ej.: el odio se trasmuta en amor)

Para finalizar decretas en voz alta:

- Dios es la única presencia actuando dentro de mí.
- Yo reclamo mi paz y tranquilidad.
- Yo reclamo mi verdad.
- Yo elijo vivir mi vida
- Yo elijo amar.
- Yo elijo perdonar.
- Yo elijo entender.
- Yo aprecio mi vida.
- Yo tengo compasión conmigo mismo y con los demás.
- Yo amo mi ser incondicionalmente.

La presión social es muy dañina, se maltrata cruelmente al inocente. Jazmín para no ver sufrir a sus familias, se cubrió con una capa de incomodidad y culpabilidad la guardó y ocultó celosamente a todos. Su escape fue el baile.

❧ ❧ ❧

Luis el padre de Joel, con su orgullo lastimado, se olvidó de aplicar el perdón y la conmiseración: Patty recibió amenazas, sería acusada con migración y la harían deportar.

Sé, que Patty quiso ayudar desde el principio, pero no fue escuchada. Ahora que le llegó a Joel la orden de presentarse a la corte, todo cambió.

Susan la llamó:

—Patty por favor, ayúdame y no se presente en la corte. No quiero que mi hijo sea deportado. Desde mi corazón de madre te lo pido. Tú sabes qué es ser madre.

Le explicó la parte legal y lo que le sucedería a su hijo si ella se presentaba. Sus declaraciones afectarían la vida de Joel, para bien o para mal. Todos estaban desesperados y se debatían entre la duda, la rabia, el miedo y el odio, que solapado, nadie lo nombraba.

Patty tenía en sus manos la batuta para destruir las ilusiones de toda una familia, —si ella quisiese—, u otorgarles el perdón. Además, Jazmín deseaba que todo terminara de una vez, ya habían pasado varios años, debía y quería hacer lo correcto. Buscó ayuda profesional. Acudió a su abogada y después de contarle la historia le preguntó:

—¿Qué problemas tendré si no acudo a la cita, que me envie la Corte?

—Primero no te buscarán, ya que desde un principio no has colaborado, segundo posiblemente el Juez emitirá una orden y te quitará a la niña, eso no lo podemos saber porque depende del Juez, él determinará qué hacer. Pero ten en cuenta que junto al castigo que recibirá Joel, tendrá ayuda, lo más seguro es que también el muchacho debió ser víctima de abuso infantil.

Patty quedó en ese momento entre dos importantes sujetos: la ley del Estado, que le podían quitar a Jazmín y la familia política; además conocía lo que sus tías, primas y primos representaban para Jazmín. Ella estaba al corriente de cuánto los extrañaba. No sabía qué hacer, si iba hundiría a Joel, lo deportarían porque aún no había arreglado sus papeles de migración y se perdería la esperanza de ayudarlo y por otra parte si no iba corría el riesgo que le quitaran a su propia hija, y eso no lo podía permitir. Tendría que ir... quedó en espera de esa terrorífica citación. A partir de ese día fue constante su nerviosismo al llegar la correspondencia, así pasaron los días y la citación de la corte no llegaba.

Pero... ese día, le dio un vuelco su corazón; la citación estaba en sus manos, nerviosa abrió el sobre y leyó: estaba citada para las 9:00 de la mañana ¿de cuándo? Por su nerviosismo no vio el día señalado ¡Oh No! Fue hoy, y llegó hoy..., miró su reloj, la 1:00 de la tarde, un escalofrió recorrió su cuerpo. ¿Hoy? O sea que ya pasó, ¡Oh Dios! ¿Qué pasaría? ¿Lo juzgarían o lo deportarían? Será mejor ir y averiguar, —se dijo a sí misma—. Al momento salió para la Corte a enfrentar los problemas que se desprenderían por haber fallado en la citación; aunque tal vez podría comprobar que la correspondencia llegó ese día, si la oficina de correo daba esa certificación. En el sobre estaba claro que lo habían puesto con antelación. Sí, podrá ser un punto a mi favor –se repitió–.

Por su parte el Juez, en vista que la citada no se presentó, para ratificar los cargos contra Joel, no continuó con el caso y decidió cerrarlo.

Cuando ella llegó a la corte presentó la citación a un funcionario:

–Buenas tardes oficial, me podría informar qué debo hacer. Está citación la recibí hoy a la una de la tarde y me cita era a las nueve de la mañana, no sé qué consecuencias tendré, pero no fue mi culpa.

El oficial miro el número de caso y escuetamente le respondió:

– ¡CASO CERRADO!

Ella sintió un profundo descanso y salió con el corazón agradecido. –Dios y el destino los había ayudado–. En ese instante la trabajadora social que manejaba el caso la vio, y no perdió oportunidad para avergonzarla, le dijo en alta voz:

–Las personas que no pelean por sus derechos, no merecen que el Estado las cobije, y seguirán quedando casos sin resolver, lo peor es que los culpables rondarán las calles atacando a otros indefensos.

Para las dos familias llegó un tiempo de paz, podrían encausar sus vidas sin temor. Pero... ¿Qué quedaba en sus conciencias?

¿❀ó ¿❀ó ¿❀ó

Pasaron otros años y tuve la oportunidad de reunirme con varios de ellos en reuniones sociales. Un común denominador vi en todos: una tristeza profunda en sus ojos. Poco a poco el ritmo de la vida entre melodías y ritmos entre bajos y altos sigue su marcha sin parar.

¿❀ó ¿❀ó ¿❀ó

Cuando hice el lanzamiento de mi primer libro "Mujer de la Sombra a la Luz", Jazmín y Patty estuvieron presentes. Me sorprendió gratamente ver tan bella y frágil a la joven, en ese momento cursaba su secundaria.

Ese día me contaron que las familias seguían distantes y frías, cada uno se había acomodado a sus propias circunstancias, aunque los hechos que habían pasado y lo que se dijeron entre sí, no les dejaba en paz; el cuello de Jazmín seguía un poco hundido entre sus hombros, queriendo desaparecer o esconder su cabeza. De pronto la joven se puso muy nerviosa.

_ ¿Qué te pasa?

—Es que...cada vez que me cruzo o veo un hombre fornido, mi corazón da un vuelco. Eso me ha sucedido a lo largo de todos estos años.

Miré hacia la puerta, en ese momento llegaba Lucho, un amigo mío, –pensé–. ¡Como se parece a Joel!

—Tenemos que hablar al respecto, solo que ahora debo atender a los presentes.

—Sí, sí, tranquila.

Vi como ella esquivó encontrarse frente a frente con él, dio un rodeo y se puso en el otro extremo del salón.

Cuando sucede algo así, es una inmersión real y se abre la tapa del baúl de los recuerdos, aunque ella no lo quisiera. Y claro... corren los químicos por toda su corriente sanguínea, que le hacen sentir débil, es tal la sensación de hundimiento que en ocasiones la persona se siente desmayar.

❧ ❧ ❧

En esa época Joel apareció nuevamente en mi vida. Me contó que al retomar su cotidianidad, encontró a una mujer que lo amaba y creía en él. Pero ella tenía una hija pequeña. Joel se debatía entre continuar o terminar la relación, él la amaba. Tenía verdadero pavor en que lo dejaran tan solo un instante con la nena, evitaba quedarse ni un segundo; sentía terror y vergüenza, además, su suegra le tenía desconfianza. Había intentado calmarse y fue a un psicólogo, pero aún no podía liberarse de su tristeza y terror. ¡Estaba desesperado! No veía cómo cambiar su destino. Razón por la cual fue a verme; llevaba a cuestas su culpabilidad.

*"Cuando uno no quiere algo, es lo primero que atrae".*

Hablamos largamente, apliqué los procesos de Sanación Pránica, Reiki y TRE. Más calmado entendió que atraía a su vida lo que más le asustaba, le aconsejé que tomara responsabilidad sobre sus pensamientos, le di algunos ejercicios para calmar y conducir su mente. Salió reconfortado y optimista de su futuro.

Lo mejor de todo es que pudo más el amor que sentía por su novia. El hecho que ella confiara en él, llenó su corazón de regocijo, por fin la vida le brindaba una segunda oportunidad. Ellos se amaban a pesar de los rumores se casaron, hoy forman una pareja feliz.

Su esposa una mujer inteligente, que lleva en su corazón sentimientos de gratitud, lo ayudó mucho a recobrar su autoestima, ellos tuvieron dos niñas más. En total tienen tres hermosas mujercitas.

᪥ ᪥ ᪥

Por motivos de trabajo nos trasladamos con mi familia al estado de Washington, justo al otro extremo del país, muy lejos de donde viven las familias de mi narración.

᪥ ᪥ ᪥

Tres años más tarde en mi nueva residencia, recibí una llamada de Patty:

— Hola Edilma.

—Hola amiga, llevo tiempo sin saber de ti y Jazmín, ¿Cómo están?

—¡Oh Edilma! Ayúdame por favor, mi hija está muy mal.

Parecía que el tiempo se había detenido...

Lloraba desconsolada. Yo acababa de escuchar las mismas palabras de doce años atrás.

— ¿Qué le sucede? ¿Es algo nuevo o es grave?

—Sí, es grave ayúdame, ayúdame por favor, mi niña está muy mal.

– ¿Qué le pasa?

–Los médicos la diagnosticaron con psicosis[1].

– ¿Psicosis? Cuéntame.

–La tuvieron interna en un hospital psiquiátrico, como es mayor de dieciocho años, no me permitieron tomar decisiones por ella. Debía decidir por sí misma y si no recobraba su lucidez no podía salir de allí –continuó Patty con tristeza–. Yo la visitaba y le rogaba que volviera en sí, le repetía que la única manera para que saliera de allí era por voluntad propia, que nosotros nada podíamos hacer. Mi hija me miraba con ojos perdidos, yo no podía saber si ella me entendía cabalmente o no, o tal vez era el efecto de las medicinas que no la dejaban tener una mente lúcida. Fueron tantos mis rezos a Dios y de rogarle a ella, hubo un momento

---

[1] Una persona con psicosis puede presentar alguno de los siguientes síntomas: Desorganización en el pensamiento y el habla.

- Creencias falsas que no están basadas en la realidad (delirios), especialmente miedos o sospechas infundadas.

- Ver, escuchar o sentir cosas que no existen (alucinaciones)
- Pensamientos que "saltan" entre temas que no tienen relación (pensamiento desordenado)

que recobró su lucidez, a pesar de la medicina y salió de la institución de enfermos mentales.

– ¿Y cuánto tiempo fue recluida?

–Ocho terribles días, no te los puedo describir, el sitio era horrible y deprimente; verla a ella rodeada de gente extraña, tantos locos, casi enloquezco de dolor. Estaba en recuperación y volvió a decaer, está fuera de sí, grita, llora, y se golpea. Una vecina me dijo que ella estaba poseída por demonios y que debía ir a la iglesia para que le hicieran un exorcismo. De verla tan mal, de pasar noches enteras sin dormir, dejé mi trabajo, busqué a alguien para que le practicara el exorcismo y cuando empezaron a sacarle los demonios, según ellos. Mi hija gritaba y se retorcía de dolor, tuvo una intensa salivación. Mi esposo y yo no sabíamos que hacer, entramos como en trance y quedamos extáticos. Hasta que el novio de mi hija reaccionó, él se acercó a mí y me hizo caer en cuenta.

–Señora por favor dígales que paren, ella está sufriendo, esto no es bueno para Jazmín, sí usted cree en Jesucristo hagan que paren este martirio. No creo que este endemoniada.

–Sí, tienes razón –Le respondí–.

Salí de ese trance y pedí que suspendieran esa sesión y me la lleve a la casa, eso la puso peor.

Le pregunté:

– ¿Ya la llevaste al doctor?

–¡No!, tengo mucho miedo, ellos me la van a quitar y la dejarán en el hospital, temo perderla. ¿Crees que la puedes ayudar?

– ¿Y tú crees?

–Todos creemos que tú la puedes ayudar, Susan cree que tú la puedes ayudar, ella fue quien te recordó y me mandó a decir con Javier que te llamara; en medio de mi desesperación me había olvidado de ti. Te pagamos el pasaje aéreo para que vengas, por favor ayúdame.

– Patty ¿Ella se puede mover?

– Si, aunque está dopada, las pastillas que le recetaron son muy fuertes.

–Yo no puedo ir, lo siento, no sé cuánto tiempo tomará volverla en sí. –De pronto me escuché diciendo– Mi sugerencia es que vengas con ella, en avión, ¿Está apta para subir a un avión?

–Sí y en ese caso, yo iría acompañándola.

–Claro, me parece bien, tráemela, y ven con sus medicinas, sus documentos y su seguro médico, por si tienes que internarla en un sanatorio. Este es un lugar muy lindo, estoy rodeada de naturaleza, este ambiente la ayudará y podré estar cerca de ella para ayudarla, además tengo una habitación disponible, mi hijo ahora está en la universidad en Chicago. Tómalo como unas vacaciones, aquí podré asistirla mejor, mientras dirijo mi compañía.

—¿La editorial?

—Sí, D'har Services.

—Sí, si lo haré. Te llamo más tarde para avisarte en que vuelo llego, — con algo de duda preguntó— ¿Nos recibirás en tu casa?

—Sí claro, hablaré con mi esposo, no hay problema.

❧ ❧ ❧

Al siguiente día salí al aeropuerto a recibirlas, después de nueve horas de vuelo. No sabía que llegarían tres personas: cuando vi a Carmen, «madre de Patty», a ella y a Jazmín. Fue impactante verlas tan demacradas, pálidas y angustiadas. Lo que me auguró que las cosas estaban fuera de control, y ver a Jazmín tan indefensa, ¿Dónde quedó esa bella señorita? Sus movimientos eran como de un autómata, traía gafas oscuras que ocultaban sus grandes ojos; ya de cerca se los pude observar, estaban idos, enrojecidos, sin vida, perdidos, ella venía bajo los efectos de las medicinas recetadas por sus médicos para mantenerla calmada Parecía un zombi viviente. A las tres se les notaba una gran congoja, venían pálidas con marcadas y grandes ojeras, se les veía muy tristes y deprimidas, además el miedo estaba a flor de piel y tenía una gran carga emocional. Yo esperaba a un enfermo, no a tres.

Salimos del aeropuerto, a los veinte minutos hicimos una parada, Patty bajó con su mamá a comprar un café. Me quedé con Jazmín, la joven se sintió sola e inquieta, y empezó a moverse nerviosa estaba en el asiento trasero, quería salirse del carro, comenzó a llorar y halarse el cabello.

Empecé a calmarla con voz apacible:

—Jazmín, tranquila, conmigo estás segura, tu mami y tu abuelita ya vienen, solo están comprando un café.

Apliqué el proceso de Sanación Pránica a distancia, mientras llegaban, ellas tenían más experiencia de lidiar con los estados anímicos de Jazmín. En el camino Patty me narró todas las circunstancias por las que habían pasado. El camino del aeropuerto a mi casa es como de dos horas, llegamos a casa sin más novedad.

En casa, mi esposo nos esperaba, más tarde él me dijo que se le partía el corazón de ver en ese estado a Jazmín, y que contara con su ayuda, que esperaba lo mejor para que ella pudiera sanarse.

Con mi familia tomamos el reto de vivir esta experiencia, los primeros diez días Jazmín demandó toda mi experiencia profesional, fueron horas y horas de servicio. A cualquier hora del día y de la noche y en la madrugada nos despertaba gritando y llorando. Me conecté tanto con ella, que yo sentía su energía antes que empezara con una crisis, o la oyera gritar. Sentía que una mano gigante me atenazaba por la nuca y una corriente de energía subía por todo mi cuerpo, era extraña la forma energética que nos unía en esos estados de psicosis o de trastornos que ella presentaba. Tomaba mis implementos de sanación y me dirigía hacia su cuarto, al momento la escuchaba gritar o llorar.

Su esencia ya no estaba, su mente no le pertenecía, podía ver su cuerpo y en sus ojos una mirada extraviada, ¡estaba desconectada! Los primeros días vivimos en un pequeño infierno, ella lloraba, vociferaba o reía, a veces su risa era estridente y aguda.

La abuela, era una mujer de gran corazón, amarraba su propio dolor y sufrimientos para hacerle la vida más amable a su hija, nieta, y a mí. Nos colmaba de atenciones, cocinaba súper rico; fue una gran ayuda en esos momentos para todos y representó el poder y el amor que una madre puede infundir en momentos de caos a sus hijos, apoyándolos en silencio. Estuvo presente dando una mano, sin falsas posturas, sin pereza, siempre presta a servir.

Luego noté un comportamiento en Jazmín y sus cambios de ánimo, tomé atenta nota:

Cuando la abuelita estaba junto a Jazmín, se operaba un cambio conmovedor en la joven; empezaba a rezar y entonar cánticos religiosos. Su abuelita es muy religiosa, y la metamorfosis era instantánea. En cuanto la veía, Jazmín nerviosa, como entre susto y súplica empezaba a cantar: *"Ayúdame Señor que donde hay dos...o pondremos tu Santo Nombre o interceda por mis pecados, Jesús ven a mi auxilio... Santa María madre de Dios... etc."*

Patty y su mamá creían que si la joven entonaba canciones religiosas se calmaba y sería protegida.

Jazmín extraía literalmente de la mente de su abuelita las canciones u oraciones. La noble anciana se escudaba en las oraciones y canciones para evitar pensar y volverse loca también, impotente observaba a su nieta sin saber qué hacer, excepto rezar.

El miedo y la angustia que sentían la abuelita y la madre crearon un vórtice... muy difícil de romper. Estaban desbalanceadas tenía que trabajar con ellas, o se me dificultaría más el proceso de sanación.

Cada vez que ellas estaban con ella, yo tenía que retomar la sanación con la joven, es más, sentía que la sanación retrocedía. Al observar esto, hablé con la abuelita de Jazmín y le pregunté si ella creía en la sanación, ella no sabía qué pensar, tenía sus dudas, como buena católica no estaba abierta a cosas diferentes, pensaba que era pecado.

De lo que si estaba segura y era lo que más deseaba en el mundo, que su nieta se mejorara. Le expliqué que su escepticismo, no ayudaba y hacía retroceder a Jazmín, estaban muy conectadas, que se fijara en el cambio de conducta que la joven experimentaba ante su presencia.

Le expliqué que al igual que Jesús, todos estamos capacitados y podemos sanarnos y sanar, y si creía verdaderamente que su nieta se sanaría que me ayudara aplicando su fe. Ese tipo de energía es la que requiero para balancear sus emociones.

Si me permites, te voy a hacer un proceso de sanación para que sientas en ti, tranquilidad, será como si te quitaran un gran peso de encima. Sabrás con exactitud que es una sanación y que se siente, además, la sanación va de la mano con la fe. Ella aceptó. Le hice la primera sanación, se benefició gratamente y reconoció que la remoción de energías ayuda muchísimo, quedó tranquila y se abrió con gran amor a la esperanza de ver recuperada a su nieta.

ૐ ૐ ૐ

Espero de todo corazón que esta venerable anciana tenga momentos de tranquilidad y buenos ratos de esparcimiento. Todo lo entregó a sus hijos ahora es su turno para recibir.

Veo con pesar cómo los hijos tratan de cambiar a los padres o ancianos, diciéndoles por ejemplo: así no se hacen las cosas, que no son capaces, que no sirven, que no saben nada, etc., no se dan cuenta que los que tienen que cambiar o tenemos que cambiar somos nosotros mismos, aprender a sentir compasión y ser apacibles, ellos no cambiarán, por lo menos no de esa forma, si los tratas con amor y respeto, dándoles su lugar, podrás ver la diferencia, pero ante todo nosotros debemos acoplarnos a ellos aceptándolos tal como son. Nos enseñaron lo que debíamos aprender y nos dieron su ternura y amor siendo bebés, además, no viene con un manual, también experimentaron sus propios dilemas e inconveniencias.

ૐ ૐ ૐ

Cuando la madre de Jazmín estaba presente, a la joven se le oscurecía el rostro y reflejaba la sombra de desesperación y el sufrimiento, el mismo que su madre cargaba. Sé que ver a una hija en ese estado, no es nada fácil, duele, como madre ella deseaba con vehemencia verla sana y en paz, hasta su vida hubiera dado por ayudarla. Su desconsuelo era real y devastador, sus ojeras transcendían las cuencas de sus ojos, se veía avejentada y abrumada por el peso de la situación.

En el proceso de sanación de Patty salió a flote otro problema interno con su esposo, además de cuando le dio la espalda, llamándola mentirosa. Sus sentimientos desde años anteriores venían seriamente lastimados. Durante mucho tiempo retuvo la ira y la comprimió aún a costa de su propia salud.

Herida emocionalmente, se consideraba desprotegida, abandonada, y las olas de frustración y desconsuelo estaban presentes. Se sentía sola. La desconfianza de su esposo y la poca colaboración de él, no la ayudaba mucho en su propósito y hacían su relación más pesada. La situación entre ellos se tornó terrible y la tensión se volvió permanente.

Incluso pensó seriamente en separarse, no valía la pena seguir con él. "¿Para qué? Además le era difícil perdonarlo. Pero su responsabilidad con Jazmín se impuso. Siguió adelante con su matrimonio para darle un hogar estable y no causar más dolor a la nena. Por ello anudó sus deseos y continuó con su carga autoimpuesta, en pleno autocastigo.

Existen situaciones en que el ser humano se carga tanto con la culpa y el pecado, que hacen un infierno de sus vidas, las personas que lo viven se meten en un tornado que destruye todo a su alrededor; es el purgatorio creado en la tierra. Lo que cada ser oculta hace que el espíritu se desgaste, por ello aparecen las enfermedades; mientras que van sonriendo a los demás.

Después de la sanación quedó más relajada, ¡todo estaría bien para su hija! Su cara cambió de un tono marrón a un tono más suave y brillante. Recuperó el brillo y la esperanza floreció en su corazón, rejuveneció.

⁂ ⁂ ⁂

Yo manejo procesos de sanación de remoción de energías, atiendo casos ocasionales. No receto ningún medicamento; el amor y el poder de mi Dios son mi único motor de sanación.

Como lo escribí, en los primeros diez días no veía ninguna mejoría en Jazmín.

Me recuerdo hablando con mi Dios: *"Si Tú me las enviaste, es porque Tú la puedes sanar a través de mi. Flaquearé si sigo sin dormir, sé que saldré adelante, dame una luz y sé mi guía.* —Luego repetí— *"Sí ellas están en mi vida es porque las puedo ayudar, de lo contrario no estarían en mi realidad. Obra a través de mi y lo haré"* Cerré mis ojos y me entregué.

Al siguiente día, con una de mis técnicas, pude ver su mejoría e internamente dije: *"Gracias amado Dios"*.

A partir de ese momento entró en mí la calma y dormí apacible, esa noche solo tuvo dos episodios. Al día siguiente logré que la sanación progresara y que mi presencia la calmara.

Después ayudó mucho la sanación que se le hizo a las damas, más tranquilas se dieron cuenta que en cada nueva crisis que Jazmín presentaba, yo lograba tranquilizarla rápidamente y que ella tenía periodos de sueños más serenos y más largos.

Tengo la suerte de contar con amigas que tienen conocimiento en las llamadas medicinas "no tradicionales", todas manejamos diferentes técnicas, se puede decir que en el lugar donde vivo, es un pueblo de sanadores. Nosotras conformamos un grupo para ayudar a Jazmín: Sanako Hurtado con su técnica "Emotional Quantum Attunement" y Carolyn Chew que maneja "Geometry Wave Form Balancing Protocol". En conjunto podemos hacer mucho para ayudar a otros. Ninguna técnica es mejor que otra, creemos firmemente que todas se complementan, cada técnica puede ayudar y depurar la enfermedad en cualquier persona, o animal. Por lo tanto, no hay una técnica de sanación que sea mejor, todas son complemento a las otras. Incluso sería perfecto, que se tratara a los enfermos desde la medicina tradicional y la no tradicional. Estableciendo clínicas para atenderlos bajo los dos conceptos de sanación.

Mis amigas, verían a Jazmín dos o tres veces por semana, fueron una gran ayuda, luego se sumó una masajista profesional, que la vio dos veces por semana y otra amiga que vino en tres ocasiones. Mis amigas también ayudaron a Patty, y a su mamá. Llegaban, las trataban y regresaban a sus casas. Tenían tiempo para recuperarse, energéticamente hablando.

Una persona vidente, nos dijo que la mente de Jazmín era y la podía catalogar como genio. Me ayudó a comprenderla y a tratarla a otro nivel. Pregunté a la madre y me confirmó que sus notas siempre fueron A+.

También intervino en la sanación un sanador indígena de gran jerarquía en su tribu. Blue Thunder, él hace sanaciones a personas, animales, elementales y a la madre tierra. Viaja por diferentes partes del mundo.

Cuando llegó traía su "sage" o salvia, una planta que al quemarla, emana humo. Así limpia y armoniza las personas y los recintos, de energías discordantes o energías perturbadoras.

Es un ritual donde el humo lo pasa sobre el cuerpo, así: adelante, atrás, en los costados, en las plantas de los pies, en las manos y sobre la cabeza. Entonaba canciones en su lengua indígena e hizo que jazmín quedara sobre la alfombra con brazos y piernas abiertas, puso alrededor de ella elementos, entre ellos cuarzos y rocas. Hincado de rodillas, seguía con sus cánticos, se puso de pie y ejecutó una especie de danza girando alrededor de Jazmín. Luego ordenó a la joven que se pusiera de pie, ejecutó otro ritual y entre cánticos empezó a extraerle energía de diferentes partes del cuerpo, él las halaba, parecía como si le estuviera retirando largas sogas.

Él le dijo algo importante:

—Jazmín debes dar gracias, tu primo fue un hombre gentil y no te penetró, él no se dejó llevar por su instinto animal, como otros seres.

Terminó su proceso de sanación chamánico.

Mi hijo llegó en ese momento. Se lo presenté y él le dijo:

—Tú eres fuerte emocional, física y espiritualmente, tienes un corazón noble.

—¿Por qué me lo dice?

—Te lo digo para que hagas un buen uso de tus dones.

Me desentendí de su conversación. Observé a Jazmín muy tensa. La sanación no dio el resultado esperado. Cuando él salió de mi casa, tuve que tratarla de inmediato. Incluso mi hijo, que es muy receptivo me ayudó en ese instante a calmarla.

Cuando ella estaba frente a mi hijo o conmigo, se le veía en paz, estuve segura que con mis técnicas ella saldría sana y salva de mi casa, eso me dio fortaleza y mucha serenidad. Yo realizaba mi trabajo de remoción de energías discordantes y observaba atentamente el desenvolvimiento de Jazmín.

Cuando llegó estaba impedida mentalmente y se había convertido en una desvalida, ni siquiera podía ir por si sola al baño, no recordaba donde quedaba, no podía bajar su ropa interior, no podía cepillarse los dientes, ni peinarse, ni comer. Se llevaba dos o tres bocados a la boca, su mano quedaba suspendida en el aire, y ella ida, la medicina la inhabilitaba completamente. Alteró sus hormonas, y le suspendió el período menstrual, además le produjo acné.

჻ ჻ ჻

Recuerdo cuando ella vio a mi hijo la primera vez le preguntó:

—¿Hueles a Gandhi? ¿Tú eres?

Mi hijo sonrió y dijo:

—No, no soy él.

Se rieron, hubo empatía entre los dos.

Otras veces lo confundía con el personaje "Bajuan" de la novela "India", de la serie Brasilera.

Me di cuenta que al verlo su cara se transformaba, su sonrisa florecía y su mente se tornaba lúcida. ¡Hum... que interesante! Ya había notado la conexión con su abuelita y su mami. Lo asumí como algo natural por sus genes y su convivencia diaria. Pero esto era diferente... fue mi primer indicio.

*Observé que Jazmín se conectaba a las energías y estado de ánimo de las personas que estaban a su alrededor. Ella literalmente se apropiaba o sincronizaba con las frecuencias específicas de cada persona.*

Conmigo Jazmín se sentía segura y calmada. «Anímicamente yo estaba tranquila y segura»

Cuando charlaba con mi hijo: su sonrisa florecía y su mente se tornaba lucida. «A la par que la de él». Él la ayudó y también fue su puente al presente.

Y al encontrarse frente a mi esposo, de inmediato ella empezaba con una risa nerviosa y no podía parar, reía y reía sin causa aparente. En especial a la hora de cenar. En casa tenemos la costumbre de cenar todos juntos. Le pregunté a mi esposo que sentía al verla en ese estado. Me dijo que no sabía cómo hablarle o tratarla y eso le daba cierto nerviosismo.

¡Esa era la respuesta! Jazmín se conectaba con el nerviosismo que sentía mi esposo.

Por eso lo de los cánticos religiosos cuando estaba con su abuelita.

De su cara apesadumbrada, reflejando la sombra de desesperación y sufrimiento de su mamá.

De ponerse tensa, de reír y hablar cosas incoherentes cuando hablaba por teléfono con su novio, a tal extremo que ella prefirió terminar con él. ¿Se pueden imaginar el estado de nerviosismo de su novio?

En las pocas ocasiones que habló con su papá quedaba callada, como si estuviera ida.

En esos días, salíamos las cuatro al supermercado —vivimos una situación estresante—, la joven, con solo ver a las personas, reía o lloraba. Sentí como se conectaba con los sufrimientos y alegrías de esas personas y las asimilaba de inmediato. Las sentía como suyas. Su estado de ánimo fluctuaba entre bajos y altos, en un momento parecía demente, no podía contener sus impulsos, retorcía las manos, y nerviosa se cogía la cabeza mientras lloraba. Dijo que le dolía mucho. Además la actitud de las otras personas no la ayudó mucho; se ponían nerviosas y se retiraban rápidamente de su lado. Por esta razón decidimos no salir con ella a lugares públicos.

⚬ ⚬ ⚬

En cuanto a la psicosis, creo que es una causa estudiada pero sin una respuesta clara por parte de los especialistas en Psicología o Psiquiatría. Cuando ven el comportamiento del paciente, que llora, ríe, se pone nervioso, come en demasía, corre y se mueve nervioso, o grita, etc. Los catalogan como desequilibrados mentales.

*Lo que yo experimenté y vi: el enfermo recoge las energías de los que están a su alrededor y las hacen partes de sí mismos. Imaginen a las personas internas en centros de rehabilitación, rodeadas de otros enfermos mentales.*

*La situación se vuelve caótica, se pasan las energías de unos a otros, por eso es necesario tenerlos dopados. Cuando lo que requieren es vivir en lugares armoniosos, junto a personas equilibradas.*

*¿Por qué llegan a ese estado? Llegan a ese estado porque la persona se siente abandonada,*

*traicionada, víctima de las circunstancias, culpable, atascado, apático, cansado, tiene miedo, ira, pena, tristeza, odio, asco, repudio, etc.*

*Al no lograr corregir o aceptar esos sentimientos, lo único que hacen es suprimirlos, sin sentir la emoción a fondo y eso los adormece, o genera cambios de humor, o estrés que afecta el sistema inmune y todo su metabolismo energético, generando problemas físicos y emocionales, la fuerza de la vida les pesa, no tienen entusiasmo y entran a la inconsciencia, de ahí solo están a un paso para entrar en psicosis, la demencia, y todo tipo de problemas relacionados con la psique.*

❧ ❧ ❧

Seguíamos con el proceso de sanación. Patty en esos quince días, vio progreso en su hija. Decidió hablar con su doctor; pidió autorización para bajarle la dosis de las medicinas. Él, después de hacerle varias preguntas, consideró conveniente reducirlas.

❧ ❧ ❧

Algo más había llamado mi atención...

En una de las sanaciones me di cuenta, que ella también presentaba un cuadro de trastorno de Personalidad múltiple. (Trastorno de Personalidad Disociada).

### Trastorno de Personalidad Disociada (Personalidad Múltiple)

El trastorno de personalidad disociada (antes conocido como desorden de personalidad múltiple) a menudo es confundido con la esquizofrenia, aunque tiene síntomas y causas muy distintos. Este trastorno les ocurre a personas que han sufrido un abuso muy fuerte, o que han experimentado alguna situación demasiado violenta, traumática o dolorosa, y que son incapaces de lidiar con esto de manera consciente. Lo que ocurre en estos casos es que la personalidad se disocia, se fractura, y produce una desconexión severa entre los pensamientos, memorias, sentimientos y acciones del individuo.

En algunos casos, quienes sufren el trastorno de personalidad disociada manifiestan 6 u 8 personalidades diferentes. Es como si hubiera varias personas viviendo en el mismo cuerpo, de manera que se comportan, hablan y piensan diferente. Por lo general, sin embargo, hay una dominante, que se manifiesta la mayor parte del tiempo.

Existen casos impresionantes de Trastorno de Personalidad Disociada, como el de Kim Noble, una mujer de cincuenta y dos años que tiene más de veinte personalidades (el número exacto se desconoce). Parece increíble, pero es cierto. Entre las personalidades de Kim se encuentran una adolescente que padece de bulimia, una católica ferviente y un hombre homosexual. Mayor información en: **www.espaciosaludable.com**

ॐ ॐ ॐ

En varias oportunidades, Jazmín empezaba con sonidos extraños. ¡Hmm mm mm mghmnm mm mgghhm mm! Parecían sonidos de trabajo de parto ¿Trabajo de parto? ¿Cómo es posible? Ella ponía sus manos en el bajo vientre y sus gestos de dolor la hacían emitir esos gemidos característicos de cuando se da a luz un bebé.

Lo comenté con Patty, quien me dijo:

—Está confundida porque tuvo un sueño meses atrás, donde se vio con un hijo. Yo creo que es por eso que ella hace esos sonidos.

Dudé un poco y preferí observar su comportamiento. Me dijo que le salía leche y que sus senos le dolían, aunque ese dolor era esporádico. Energéticamente cada vez que empezaba el trabajo de parto, la energía de ella cambiaba, se volvía más fuerte, puedo decir que su cuerpo se ensanchaba.

En otras ocasiones adoraba a Alah, se ponía de rodillas y hacía reverencias. Jazmín decía que escuchaba voces que clamaban el nombre de Alah, Alah. Incluso escuchó la voz de su novio que le repetía, Alah, Alah. En esos momentos la joven se cogía la cabeza entre las manos y se postraba, repitiendo Alah, Alah. Patty le mencionó que a lo mejor era él, orando por ella, ante su Dios, en su religión, y que por eso escuchaba las voces. Para mí fueron alucinaciones, no percibí ninguna energía extraña. La otra posible explicación era que ella se conectaba con su novio a nivel energético. Como la energía no tiene barreras, cuando uno piensa en el pasado o en alguien, es porque aún están energéticamente conectados. No pude definir cuanto lo amaba. Pienso que estaba enamorada del amor y de la fantasía que contenía su mente. Sobre todo lo referente a la cultura y vida de la India. Enamorada del amor, lo idealizaba.

Otras veces yo sentía su mirada fría, penetrante, rencorosa, con odio, me atribulaba. Recuerdo que cuando aparecía esa entidad, yo me e ponía escalofriada, sentía ramalazos de energía subiendo y bajando por mi espalda. Y su voz me decía que mi corazón era frío y duro. Esa presencia me erizaba la piel, succionaba mi energía, me dejaba sin fuerzas.

Y la otra que aparecía solo decía: "Me quiero morir, me quiero morir. ¡Déjame morir!

Sus apariciones no fueron frecuentes y eran cortas, pero lo suficiente para que yo sintiera un inmenso frío a mí alrededor. Jazmín también temblaba y se abrazaba a sí misma o se ponía en posición fetal.

En otras ocasiones, aparecía una entidad displicente y burlona, miraba solapadamente, nunca sostuvo mi mirada. Cuando aparecía el cuerpo de Jazmín se encogía y se ponía de lado, empezaba a tocarse el cabello y lo trenzaba, reían socarronamente. Lo que percibí, fue una mujer vieja queriendo posesionarse del cuerpo de Jazmín.

Oh Dios qué extraño es todo esto. Me decía: ¿Por qué aparecen y desaparecen, sin ningún preámbulo? Entonces debe terminar. ¿Cómo lo lograré? Mientras me llegaba la respuesta seguí con mis procesos de sanación.

Jazmín a veces reía y reía, parecía una bobita, una personalidad que no tenía ademanes duros, se filtraba por ahí como no queriendo estar, pero hacía retroceder los avances de la sanación. ¿Era psicosis? Tendría que averiguarlo.

Incluso la misma personalidad de Jazmín que se dividía, se debatía entre el mundo occidental y oriental, llenó su mente de fantasía y veía un mundo mejor, donde la música, la danza, los vestidos y atuendos hindúes le parecían algo maravilloso a vivir. Incluso aprendió la "Belly dance". O danza baladí, que en sus compases combina elementos del Oriente Medio.

Varias personalidades se encajaban en Jazmín, aparecían y desaparecían. Mis habilidades y fe fueron puestas a prueba. La comprensión de mi esposo fue fundamental para mí. Lo valoro mucho. Vivir inmersos en esa situación, asustaba. Él sentía miedo por la situación que estábamos pasando. Su forma de ser es protectora; él quería abrazarla, ayudarla, y le preocupaba que le sucediera algo. Un día me dijo:

—¿Qué pasa si ella se quita la vida?

—Amor, te aseguro que no pasará.

—La vigilan constantemente, duermen con ella «ella en medio». Además ¿Tú has visto los cambios, verdad? Vamos progresando. Mis palabras lo tranquilizaron.

Mi hijo también nos dio una sugerencia, a las sanadoras que estábamos presentes, dijo:

— No la traten como una enferma, Jazmín se comunica conmigo, porque yo la trato como lo que es, una mujer sana.

Sí, claro, —pensé—, él no tiene miedo y por eso se puede conectar con ella a otro nivel. Me di cuenta que algo de miedo había en mí. De inmediato observé mis miedos internos, los acepté y los transmuté en compasión.

Un suceso de la vida real que cambió mi percepción de la realidad. Parece asustador, pero así lo experimenté:

No tenía claro qué pasos seguiría y cual metodología usaría. Veía como si esas entidades se disputaran el cuerpo y la mente de Jazmín. Digo que se lo disputaban porque así fue. Además de psicosis albergaba personalidad múltiple. Otros seres se posesionaban de su ser. Yo sentía esas presencias... sus miradas erizaban mi piel.

En la medicina tradicional no se cree en fantasmas, entidades desencarnadas, duendes o espíritus. Todo problema de cambios de conducta lo dictaminan como desorden mental. Pero ¿Por qué los cambios de personalidad tan disímiles? ¿Por qué en un lapso de tiempo tan corto, un cuerpo está sano y al instante enferma o viceversa? ¿Por qué esos cambios biológicos emergen de la nada?

Reflexioné y decidí cambiar mi táctica. Por instinto, entendí que debía sanar a cada una de esas diferentes entidades. Sí, así lo haría. Lo tomé como un experimento a realizar. Los trataría como si cada uno fuera un paciente diferente. Interactué con esas entidades o sus múltiples personalidades. Cada vez que aparecieran, yo estaría preparada.

Mi propósito era salir adelante con esta resolución:

Al primero que traté fue a la entidad que quería dar a luz. Jazmín empezó en una de sus transformaciones, se retorcía de dolor y se llevaba las manos al bajo vientre mientras gemía.

Tomé mi péndulo y con calma le ordené:

—Acuéstate con cuidado, vas a tener a tu hijo, ponte cómoda, así... sobre la cama.

La entidad quedó momentáneamente tensa y me miró. Yo continúe:

—Sí, así es, ven te ayudo a acomodarte, estoy lista para recibir tu hijo.

Mi mirada se cruzó con la de Jazmín, hubo duda, esa duda fue entre el intelecto de jazmín y la entidad que se desvanecía. Pero de pronto cogió bríos. Me observaba. Jazmín ya no estaba, esa mirada era ajena a ella, la entidad se hizo plenamente presente, su mirada se dulcificó esbozó una sonrisa y vi como caía suavemente sobre la cama, me miraba fijo. Yo también la miré fijamente. Dibujando una sonrisa en mi rostro, la invité a relajarse, a tener a su bebé.

Jazmín estaba vestida con una trusa delgada para hacer ejercicios; su cuerpo se arqueó, abrió las piernas, le fue cómodo permanecer en esa posición, había sudor en su frente y en su mirada un brillo de esperanza, podría decir que de regocijo.

–¡Listo, vamos! Llegó la hora, tendrás a tu bebé, vamos... respira, respira, eso es, relájate.

Yo escuchaba sus quejidos, el parto "energético" se estaba desarrollando bien.

–Sí, vas bien... ya viene, no te detengas, vamos. Mientras tanto, yo observaba las contracciones que su cuerpo emitía, le dije con más fuerza:

– Llegó el momento... vamos puja, puja.

Su cuerpo se retorcía bajo los dolores del parto, la frente perlada de sudor por el esfuerzo que realizaba. Para la entidad y el cuerpo de Jazmín fue un parto real. Para mí fue un parto energético, hice las veces de partera. –Cálidamente la animaba–.

–Ya viene tu bebé, ahora respira profundo, vamos, tú puedes, vas bien sigue, sigue, ya viene, eso es, un poco más, ya casi.

Llegó al clímax del dolor, sentí que salió la energía del bebé. Ella quedó desmadejada. Yo repliqué:

–¡*Uff!* ¡Ya nació! ¡Es un hermoso niño!

En ese momento mi voz se hizo más fuerte y firme le dije a esa entidad:

— Ya tuviste a tu bebé, es hermoso, cumpliste tu deseo; ahora es tiempo de partir. Este cuerpo no te pertenece, ¿me escuchas? No volverás a este cuerpo ¡Es una orden! Lo que tenías pendiente ha terminado, ahora eres libre, ve y sigue tu camino en la luz.

La entidad desde los ojos de Jazmín, emitió una mirada dulce, sentí su agradecimiento, luego el cuerpo se desgonzó, quedó desmayada.

Yo seguí trabajando en Jazmín, apliqué la técnica de Sanación Pránica, limpieza y anergización de los chakras o vórtices de energía. Desde ese momento en adelante, Jazmín no volvió a quejarse de dolores de parto. La entidad no volvió a tomar posesión de ese cuerpo.

Yo agradecí profundamente a mi Dios por la sabiduría que me envió en ese momento. Continué con la sanación. Jazmín seguía tomando la dosis mínima de la medicina recetada. Tenía mayores lapsos de tiempo en estado consciente.

En la siguiente ocasión que Jazmín se puso de rodillas, haciendo reverencias y adorando a Alah, Alah. Quise encarar esa entidad, pero no surtió efecto, en este caso fue: la conexión energética que existía de Jazmín con su novio, y fue un episodio de psicosis.

Cuando volvió a aparecer la entidad que me escalofriaba, yo sentía como su energía subía y bajaba por mi espalda, su mirada era penetrante, fría. Supe que la única alternativa para conectar con ella era aceptándola y dejé que emanara de mi ser el amor; fui energéticamente a esa entidad, la abracé, quería derretir ese muro de hielo, el cuerpo de Jazmín se movía nervioso, emitía una risita burlona y un sonido sordo de un hipo que aparecía y desaparecía. Luego le dije con firmeza:

—¡Este cuerpo no te pertenece! A partir de ahora el amor morará aquí, te prohíbo hacer uso de este cuerpo ¡Lo dejarás en paz!

La mirada parecía como una daga a punto de herir. Yo sin embargo, mantuve la calma y la fluidez de la energía del amor. Sentí que desde el centro de mi ser emanaba una energía cálida y sutil que envolvía a esa entidad y los ramalazos de energía subían y bajaban por mi cuerpo, hasta que poco a poco se fueron disipando, mientras yo ganaba más fortaleza. Luego escuché un ruido energético de algo que se rompía y el cuerpo de Jazmín quedó desmadejado y sin fuerzas. Apliqué proceso de sanación de cambio de conciencia. Lo cierto es que esa entidad no volvió.

Más tarde la entidad displicente que no permitía que la mirara de frente, apareció. La sentí y observé la cara burlona de Jazmín. Hice como si no la quisiera ver y le di la espalda, mientras aplicaba la terapia del cuerpo integrado. Le ordené:

—¡Sal de este cuerpo que no te pertenece! Sí, tú, sé que me estás escuchando, no voy a seguir tu juego, ¡sal ahora mismo! Y nunca regreses, sigue tu camino. Un silencio envolvió la estancia, poco a poco volteé, vi su cuerpo tenso, sus manos estaban dobladas, luego lanzó un sonido fuerte y después un suspiro profundo. Al ver los ojos de ella supe que esa entidad ya no estaba presente.

La personalidad, burlona, no tenía ademanes duros, se colaba por ahí; cada vez que le dirigía la palabra desaparecía. Jazmín me miraba sin entender mis palabras. Creo que a veces, ella pensaba que yo me estaba volviendo loca, jajaja. No quise explicarle para no confundirla. Sus ojos me indicaban, con quien hablaba yo.

Una noche, —ya cansada—, hice acopio de mi buena voluntad, con voz de mando, dije:

—Basta, no acepto burlas, si son una o dos o tres entidades no importa, se van ahora mismo.

Chasqueé los dedos y demandé con voluntad.

— ¡Este cuerpo no les pertenece, y lo van a dejar en paz! Es mi voluntad unida a la de Jazmín.

Ahora no está disponible. El poder está en mí y en ella.

Seguí haciendo tronar mis dedos, mientras les ordenaba:

—Salgan, salgan, sigan su camino. ¡La fiesta en este cuerpo se terminó!

Los ojos de Jazmín se abrieron desmesurados, sonrió en forma grotesca, gesticuló, se estiró como un gato, se retorció, en un momento quedó paralizada, como suspendida. Por mi espalda pasaban ramalazos de energía. De pronto dijo:

—Tengo sueño, —quedó dormida, sin ningún preámbulo—.

Cada día Jazmín se veía más risueña y su confianza mejoraba.

Una tarde en que estaba en una sesión de sanación, ella se encontraba con los ojos cerrados, relajada, de pronto se incorporó y me dijo con una inflexión profunda:

—¡Quiero morir!

Nuestras miradas se encontraron, sentí una fría energía que recorría todo mi cuerpo, me quedé mirándola, ahí no estaba Jazmín, era otra entidad.

Tomé aire y llené mis pulmones, sin retirar mi mirada, con firmeza en mi voz dije:

– Está bien, voy a cumplir tu deseo. ¡Muérete ya! Te doy permiso.

Esa entidad quedó en estado de estupor, me miró fríamente, luego subió la mirada y blanqueó los ojos, los hombros se subieron, hizo una contorsión, volteó sus ojos, quedó mostrando la córnea del ojo. El cuerpo de Jazmín se desgonzó hacía atrás y fue cayendo al suelo como ejecutando la más perfecta contorsión de yoga, en el suelo estiró su cuerpo y quedó inmóvil

Fue otro momento tenso para mí, el cuerpo de Jazmín no daba señales de moverse, se le veía pálida. Respiré suave...llevando mi respiración hasta el estómago como un bebé y me repetí internamente: ¡*Todo está bien, yo elijo ver perfección en este acto!* Continué con mi proceso de sanación utilizando la Terapia de Respuesta Espiritual, no me aparté de lo que estaba haciendo, con absoluta fe en que estaba en lo correcto, seguí en mi proceso y dije:

–Está bien, este cuerpo no te pertenece, ya cumpliste, se te dio la oportunidad para cumplir con lo que querías en este plano, ahora llegó el momento de continuar tu camino. ¡Esto se acabó... no es tu cuerpo!

Pasaron cinco minutos, que para mi fueron eternos. ¡De pronto abrió los ojos! Esa entidad ya no estaba.

—¿Qué me pasó?

—Estabas haciendo yoga.

Ahora frente a mí estaba la cara sonriente de Jazmín. Supe que todo estaba bien.

Durante el siguiente mes todo marchó mucho mejor, Jazmín seguía con sus altibajos, captaba las energías de las personas, aunque las entidades que traté y las dejé actuar o cumplir su voluntad no volvieron a aparecer. Jazmín tenía momentos de lucidez mucho más largos, incluso pude salir con ellas en un tour por la ciudad.

Yo me preguntaba ¿Por qué y cómo le sucedió esto a Jazmín? Una gran interrogante.

Un día fuimos a una granja de caballos, el día era hermoso, el sol estaba deslumbrante, el murmullo de la brisa se colaba entre los árboles, las mariposas revoloteaban y se escuchaba el trinar de los pájaros, mientras las ardillas se escondían en las copas de los árboles. Un momento grato que recordar. Jazmín con un poco de miedo acarició los caballos y les dio de comer zanahorias, se le veía temblar, con una sonrisa nerviosa. Llevábamos un buen rato, jugueteando con los perros y observando la naturaleza. De pronto, un caballo fue hacía ella. Me di cuenta de la situación, vi que ella salía corriendo y el caballo detrás. Desplazándome en círculo corrí hacia ella, y le grité:

—¡Mírame, mírame, aquí esto! Para tranquilizarla abrí mis brazos, esperaba que llegara a mí para abrazarla.

—¡Todo está bien, tranquila todo está bien!

Y todo estuvo bien, —Jorgito, el dueño del caballo, lo alcanzó, al sujetarlo lo regañó como a un chico pequeño, —para hilaridad de los presentes—, regresamos a casa.

Otro día, se nos ocurrió hacer un almuerzo en casa, mis amigas sanadoras querían estar con ella para celebrar su maravillosa recuperación, queríamos tener un momento de relajación. Invitamos a Bob, un amigo tenor, quien compuso una canción, basada en una historia que leyó, y que fue escrita por Sanako, le puso música, ese día se la dedicó a Jazmín.

Ese día faltaron aguacates para el almuerzo. Aproveché para salir a comprarlos, ellos quedaban en casa, además eran sanadores. Si algo se presentaba podían manejar la situación.

De regreso, estando cerca de la puerta, oí gritar a Jazmín. ¿Qué está sucediendo?

Abrí la puerta y la vi llorando, gritando desesperada. Mirando en retrospectiva fue gracioso lo que vi, cuatro sanadores trataban de calmarla, mientras ella clamaba "Anthony, Anthony".

En seguida me hice presente y me puse en medio de todos. Me enfoqué en ella, sentí un campo de protección rodeándonos. Le toqué la frente y le dije:

—Calma, calma. ¿Qué pasa con Anthony?

—No quise hacerle daño, él está sufriendo, no, no, yo no le hice daño —lloraba desconsolada—.

Me di cuenta que estaba en medio de una visión, una psicosis que para ella era real.

Continué con mi mano en su frente, la invité:

—Observa... mira a Anthony, ¿lo ves? Está bien, míralo, está bien, está jugando, te está sonriendo, no ha pasado nada, ¿lo ves? Ella entró en trance. Los presentes callaron y observaron la escena:

—Sí, siii, sonreía nerviosamente, mientras se estrujaba las manos.

—Tú no le hiciste daño, míralo. ¿Lo ves? Ahora te dice adiós, dile adiós.

—Empezó a tranquilizarse, en cuestión de minutos estaba relajada y riendo.

⚜ ⚜ ⚜

Patty, empezó a tratar a su hija como mujer adulta, que requería recobrar el dominio y el poder en sí misma. A pesar de lo que habían pasado debería tener confianza en ella. También me contó que Javier le había confesado que tenía otro hijo, dos años menor que Jazmín.

Les dolía el alma, otro dolor que se adicionó a Jazmín al enterarse que tenía un hermano y que su propio padre le había negado la oportunidad de conocerlo, cuando ella siempre anheló tener un hermano o hermana. En Jazmín, este hecho agravó su estado mental. La noticia fue devastadora y desbalanceó más su baja autoestima.

En Patty, ni se diga, además de sentirse lastimada su confianza decayó, se creyó utilizada, menospreciada y subvalorada. En ese momento se apoderó de su ser una tristeza que la llevó a desear no querer vivir. Se preguntaba: "¿Cómo fue posible que él negara durante tantos años a su otro hijo? Y les mintiera así tan descaradamente, ¿por qué no tuvo valor para contarles de su existencia? ¿Qué relación tenía con la madre de su hijo, y quien era ella?" Muchas preguntas sin respuestas.

Otro agravante se sumó, después de llorar, Jazmín quiso conocer a su hermano que vivía en otro país. Cuando su padre la llevó a conocerlo, también conoció a la madre de él. Y aquí viene una bajeza humana, la señora en mención se desquitó, con la joven, la trató muy mal y la culpó, que por causa de ella: "Javier no vivía con ellos, y que por ella él le dio la espalda a su hijo varón". Básicamente le indicó que los varones eran superiores a las mujeres, además agregó otras sandeces que no vienen al caso repetir. Ese hecho complicó y se sumó a la basura que se acumula en la mente de una persona. Al parecer, la que fue amante de su padre estuvo mal informada, familiares de Javier que residían en ese país, le habían hecho creer que Javier dejaría su esposa, por ser una mala mujer.

Patty, quiso y permitió que el chico compartiera con ellos en los Estados Unidos y lo recibió en su casa, para que compartiera con Jazmín y cumplirle así, su sueño. El muchacho las conoció mejor, le contó a su mamá que lo trataban muy bien. El resultado: Ella tuvo el valor de llamarlas y pidió disculparse. Solo que el daño ya estaba hecho. Jóvenes inocentes que pagan los errores de los mayores.

Un gran daño emocional para todos. Me contó que en esa época la situación se volvió insostenible y estuvieron a punto de separarse. Decidió darle otra oportunidad para no sumar más problemas a Jazmín, y porque él prometió no guardarle más secretos, cumplir como padre y como esposo. Patty es de buenos sentimientos, desvalorizada por su esposo, naufragaba en su baja autoestima. Y sacó valor para dejar en claro que sería su última oportunidad, que confiaría en él.

Ahora que Jazmín se encontraba mejor, tenía confianza en sí misma, recobró su lucidez mental y el poder de decisión para aplicar su libre albedrio, su voluntad.

*Hago hincapié; todo lo sucedido fue porque en un momento de su vida, ella perdió el poder de decidir y quedó su cuerpo sin nadie que lo comandara, como una hoja al viento, razón por la cual esas entidades se disputaron su cuerpo.*

꿈ó 꿈ó 꿈ó

Sentí que era tiempo de concluir, lo que no se hizo trece años atrás. Una mañana llamé a Javier, le pedí los números de teléfonos de sus hermanas y el de Joel. Le expuse mi plan de ayudar a toda su familia; para que enmendara sus errores en aras de una mejor salud emocional para todos y en especial de Jazmín y que todo se solucionara de una forma civilizada.

—Javier, como tú sabes hace años traté a tu hija, en ese tiempo no creíste en ella, ni en tu esposa, ni que el hecho ocurrió. Si aún no lo crees, yo te confirmo que ellas no han mentido; al contrario les diste la espalda. Tendrías tus razones para no indagar la verdad. No te juzgo, ni a ellos, también son mis amigos. La verdad debe quedar dicha y entendida por todos, para restablecer la salud de tu hija, creo que se deben incluir a Joel y tus hermanas. ¡Llegó el tiempo de la verdad!

—Sí, sí claro

—Ok, requiero que hables con tu esposa y tu hija y que hagas los correctivos necesarios. ¿Quieres pedirles perdón?

—Sí.

—Me gusta, sé que lo vas a lograr, será magnífico; tómalo como parte del proceso de sanación que estoy adelantando con tu hija.

—Sí, sí, claro, también quiero lograr que estos malos entendidos queden atrás.

—Ok, por favor contacta a tu sobrino Joel y dile que me llame, es urgente. Hablaré con cada una de tus hermanas, la idea es que fluya el amor y el perdón entre todos para que regrese la paz a toda tu familia.

— También yo deseo la paz para todos.

— Me alegro, te estaré apoyando.

Mientras Javier localizaba a Joel, llamé a Carol una tía de Jazmín, después de los saludos y preguntas sobre su familia y su trabajo. Le dije:

—Llegó el momento de perdonar y dejar los problemas del pasado en el pasado, como adultos responsables debemos restablecer la armonía entre las familias, todos son mis amigos, directamente los he ayudado por separado. Es la hora de cerrar un ciclo de incomprensión, muy necesario para restaurar parte de los daños psicológicos por los que ha pasado Jazmín.

Carol con tono de esperanza me contestó:

—Edilma, me alegra escucharte decirlo, precisamente yo estaba pensando lo mismo, de acuerdo a la fe que profeso y por los actuales acontecimientos que vivió Jazmín en el hospital psiquiátrico. Yo tomé la decisión de terminar con los malentendidos. Tú sabes que la quiero y no deseo por nada del mundo que la nena vuelva a pasar por otro problema así. En esta semana hablé con Susan y mi cuñado sobre la necesidad de perdonar, ellos están abiertos al diálogo.

—Carol esas palabras suenan a música en mi oído. "Gracias a Dios" veo su mano misericordiosa extendiéndose en los corazones afligidos de tu bella familia. Se ha obrado un milagro y se alivianará mi camino.

—Empecemos contigo ahora mismo, ¿Qué te parece?

—Si claro.

—Pondré mi teléfono en alta voz y las llamaré.

—Estoy nerviosa.

— Tranquila, habla desde el centro de tu amor y pídeles perdón, ya sea porque en ese momento de dolor no les creíste. La idea es restablecer el buen nombre de Jazmín y su confianza, tú sabes perfectamente que ellas no mintieron.

—Sí, lo sé.

—Listo, adelante amiga, ten fortaleza.

Acto seguido llamé a Jazmín y a Patty, les dije que Carol les quería hablar.

Patty apretó los ojos y Jazmín se oprimió las manos nerviosamente. Las dos temblaban.

Carol, les habló desde su corazón y les pidió perdón.

Después de trece largos años, Jazmín volvía a escuchar la voz de su tía.

Ellas también contestaron, sus voces temblaban, lloraban entrecortadamente. ¡Llanto liberador! Todas se perdonaron, por fin estaban liberadas.

En la misma semana logré contactar a Susan y Luis, los padres de Joel; ellos estaban muy, muy nerviosos, aunque esperaban mi llamada.

Sentí el nerviosismo en ellos:

—Tranquilos estamos a miles de kilómetros de distancia, es tiempo de perdonar, saben que la nena no mintió, y lo que pasó solo fue por la curiosidad de un niño en formación, así no queramos pensar que ellos sienten, sus cuerpos sí. Son errores que suceden y no se manejó la situación de otra manera. La idea es perdonar y perdonarse a sí mismos. Cada uno debe tomar responsabilidad y hablar con amor y la mano en el corazón. ¿Están Listos?

—Sí, — se escuchó la voz de Luis— queremos lo mejor para Jazmín y nuestro hijo.

La voz de Susan: —Yo también estoy lista, muy nerviosa... ¿Tú me comprendes verdad?

—Sí, Susan, ahora por favor respiren profundo, varias veces, ¿listo?

—Sí

—Ok, tranquila, tranquilo, todo saldrá bien, ya lo verán.

Las llamé, ellas no sabían con quien hablarían.

En voz alta comenté:

– Ellas ya están aquí, los escuchamos; ¿Quién hablará primero?

Se escuchó la voz del padre de Joel.

–Jazmín, Patty, les pido perdón por todos los malos entendidos y por la amenazas que hice injustificadamente, yo solo espero que me perdonen, de verdad nunca quise hacerles daño.

Una gran sorpresa se dibujó en sus rostros. ¡No lo podían creer! Patty palideció y se tapó la cara con las dos manos. No lo podía creer... ¡Que precisamente él, les estuviera hablando y pidiendo perdón! Jazmín ni se diga, se estrujaba las manos, empezó a llorar y reír simultáneamente.

Después del primer impacto, ellas expresaron su sentir. Se pidieron perdón conjuntamente. Un momento emocionalmente fuerte para todos.

Yo ayudaba a tranquilizar la situación utilizando el péndulo con la terapia de Respuesta Espiritual, al final escuché el llanto de todos, un llanto liberador, donde se entregaban la promesa de paz que tanto anhelaban sus almas atribuladas.

Susan lloraba y reía en intervalos, le decía a su sobrina lo tanto que la amaba, y que la quería abrazar muy fuerte. A Patty que le faltaba su amistad. Hicieron la promesa que volverían a encontrarse.

Pasaron unos días, estaba esperando por la llamada de Javier, no lo hizo, así que lo contacté.

—Javier te invito a que inicies tu momento de perdón. Nervioso me dijo:

—Sí, he estado esperado este momento... solo que no es fácil enfrentarse con todo.

—Tú sabes que tus hermanas ya hablaron y ahora se sienten liberadas.

—Sí, por ver bien a mi hija lo haré también.

—Ok, todo arreglado, te invito para que ahora mismo lo enfrentes.

—¿Ahora mismo? Escuché un suspiro y las palabras: lo haré.

Llamé a Jazmín y a Patty, puse el teléfono en alta voz. Con sus gestos me preguntaban ¿quién? Yo le sonreí dándoles ánimo.

—Ok, ya están aquí ¿Me escuchas?

—Sí.

Cuando escucharon la voz de Javier se tranquilizaron, Patty habló de Jazmín; de cómo la veía, le comentaba lo feliz que se sentía de ver los resultados. Javier daba rodeos y no se atrevía a pedirles perdón, les decía que las amaba y que deseaba que todo fuera diferente, les prometía una vida en armonía, incluso iba a colgar el teléfono y no había dicho las palabras liberadoras. Intervine:

—Javier, te falta algo, respira profundo, sé que al decirlo te sentirás mejor.

—Sí, tienes razón, —se dirigió a su hija— Jazmín, perdóname porque no actúe en forma correcta y más por no creer en ti, no me puedo explicar que me pasó en esos momentos, tú sabes que yo te amo, hija.

—Papi tranquilo, yo te perdono. Ahora sé lo que quiero. No me gusta verte tan triste y rondando por la casa, como alma en pena.

—Hijita. ¡Cuánto diera por volver el tiempo atrás! Perdóname.

—Si papi, te quiero mucho.

Un silencio prolongado, de nuevo intervine:

—Javier, aquí esta Patty.

Salió de un ensueño...

—Patty perdóname, yo no quise hacerles daño y menos a Jazmín, si es mi vida.

Madre e hija se abrazaron y soltaron el llanto. El silencio cubrió ese momento liberador, sentí la energía de liberación, sus almas atribuladas encontraron consuelo. Llegó la Paz tan anhelada.

Se despidieron, quedamos en calma. Patty recodó que tiempo atrás, mientras Jazmín se daba un baño de espuma, ella le preguntó: "Nena ¿qué opinas ahora que legalmente todo terminó y no seguirán el proceso contra Joel?" Y que ella le había contestado: "Si tan solo él aceptara los hechos y pidiera disculpas". Deseo que todos lo hagan.

—Hija, ahora se te están cumpliendo tus deseos.

—Sí mami, así es.

Reían confiadas, esperaban un futuro mejor en armonía para todos.

Al siguiente día me dije: "parece que Javier no contactó a Joel", tendré que llamarlo de nuevo. Y como por arte de magia, sonó mi teléfono, era Joel que nervioso me saludaba:

— ¿Cómo estás Edilma y tu familia?

—Todos bien, muy bien. Tu esposa y las niñas deben estar preciosas.

—Si están lindas. Javier me dijo que me necesitabas, estoy nervioso ¿Sucede algo grave?

—No, solo quiero que me ayudes a recomponer las energías discordantes que rondan desde hace mucho tiempo. Deben quedar sanadas, por el bien de Jazmín, tuyo y el de tu familia.

—No me asustes.

—Joel no hay de qué preocuparse ¿Quieres ayudarme a poner un alto y liberarte? Para que puedas seguir tu camino libre de ataduras.

— ¡Claro que sí! ¿Qué debo hacer?

— ¿Javier te dijo algo?

—No.

Pensé, "carambas, Javier aún no se atreve a encarar los hechos".

—Está bien Joel, ¿Sabes que Jazmín estuvo recluida en un sanatorio mental?

—Sí lo sé. Me siento muy mal por ella y conmigo mismo, por todo lo que pasó en el pasado, sé que ella esta emocionalmente afectada.

—Sí, así es, ahora tú eres padre, y puedes imaginar cómo reaccionarías y lo sentirías sí un muchacho llegase a tocar a una de tus hijas.

— Sí lo he imaginado y es algo que no me deja dormir, me siento tan avergonzado.

—Joel, te invito a que te des una nueva oportunidad y lo que por miedo no se dijo años atrás, se debe hacer hoy. Te propongo que le pidas perdón a Jazmín, ella no te guarda rencor. A Patty también, porque en ese momento no comprendiste el dolor que sentía al enterarse. Creo que se puede cerrar este capítulo, favorablemente para todos. Estoy segura que tú te sentirás liberado y ellas también. ¿Te atreves?

—Sí lo haré. Es una oportunidad que le he pedido al Dios. Deseo enmendar de alguna manera el daño que hice y volver a empezar, para sentir mi consciencia tranquila.

—Entonces, no dilatemos más la situación... habla con profundo respeto y tranquilidad, ellas están abiertas al diálogo, las voy a llamar.

— Jazmín, Patty pueden venir por favor.

Ellas no sabían quien estaba en la línea. Dije:

— Adelante ya estamos listas.

—Un silencio prolongado, la estática fue lo único que se escuchó... al otro lado de la línea oímos un carraspeo *cof, cof...* y luego la voz de Joel.

—Jazmín, soy Joel, te pido perdón desde mi corazón, sé que te hice daño; no fue mi intención que sucediera, perdóname, en ese momento yo era un crio y luego no me atreví a decir la verdad, actué como un cobarde, discúlpame por favor, no puedo resistir por más tiempo, de todo lo que siento.

Jazmín abrió desmesuradamente los ojos y retorcía sus manos, no podía creer que Joel le estuviera pidiendo perdón, con voz entrecortada, preguntó:

— ¿Joel?

—Sí, soy yo, perdóname Jazmín, de verdad te lo digo.

El llanto suave de Jazmín se escuchó, y su respiración estaba un poco interrumpida. Me miró entre asombrada y temerosa. Sostuve su mirada –le sonreí, reconfortándola– le dije en tono bajo:

—Ánimo Jazmín... tú has deseado que se restituya tu buen nombre y el de tu mamá, es el momento, ¡ánimo! Respiro profundo y después de unos segundos, escuché la voz grácil de Jazmín.

—Joel yo te perdono, dejemos todo esto en el pasado.

La joven reía nerviosamente, se aferró a su mami como pidiendo fuerzas para continuar. También a ella se le notaba turbada y me miraba con ansiedad, su rostro dibujaba una gran sorpresa, me dijo en voz baja:

—Pensé que se habían terminado las llamadas.

—No... Patty, ésta es la más importante.

Cuando le tocó el turno a ella, su voz estaba también entrecortada por los sollozos de liberación que brotaban desde su ser. Para ella escuchar a Joel pedirle perdón a Jazmín significaba mucho. Y más cuando él se dirigió a ella misma pidiéndole perdón.

A su vez le aclaró:

—Joel, yo nunca te demandé fueron los médicos quienes llamaron a las autoridades.

— ¡Tranquila, Patty! Tú estabas en tu derecho, yo lo hubiera hecho, gracias porque en ese momento prevaleció tu amor y me ayudaste, o tal vez tendríamos otra historia que contar. Gracias a Dios, que hoy por fin podemos hablar de verdad, yo solo puedo pedir perdón, no puedo devolver el tiempo, pido que me perdonen, para que esta vergüenza que siento pueda desaparecer algún día y así recobrar mi paz.

—Joel, yo te perdono y quiero que sepas que no te guardo rencor.

— Ni yo –dijo Jazmín, tenuemente–.

De pronto fue como si se abriese un torrente de agua contenida. Todos hablaban a borbotones, ellas le preguntaban a Joel por sus hijas, las querían conocer cuando regresaran.

❧ ❧ ❧

*El proceso de sanación dio excelentes resultados. Fue hermoso ver la magnitud del perdón en acción, ver cómo estaban todos ávidos de sentirse perdonados y lo más importante es que dejaron que desde sus corazones hablara el amor; todos se brindaron una oportunidad de amor y perdón para sí mismos y sus familias.*

❧ ❧ ❧

Jazmín una bella joven de diecinueve primaveras, en la flor de su juventud, casi sucumbe por el peso de la culpabilidad y la desmedida protección por parte de su madre y familiares cercanos. Bella muchacha de ojos negros y profundos, de mirar inteligente, esbelta, con fino talle, y cuerpo esculpido a la perfección. Ahora confiaba en sí misma, recobró su lucidez y el poder de decisión, aplicando su libre albedrio, su voluntad. Además de aprender a apreciar su vida y aceptarla tal como es. Sabe que con enfoque y claridad puede construir la vida, la que ella quiere para sí misma.

❧ ❧ ❧

Llegó el momento de la despedida y vimos desplegar las alas a un hermoso cisne, que pronto partiría a continuar su destino. Llena de vitalidad, y fuerza renovada danzó para nosotros; fuimos transportados a otra época, a costumbres del oriente lejanas a nuestra sociedad.

Jazmín en su danza tenía tal fuerza y tal cadencia de movimientos que, absortos los presentes, no queríamos perder ni un detalle de tan delicados pases. Cual la más experimentada bailarina de movimientos gráciles y frágiles, sus dedos parecían mariposas sutiles y sus caderas se movían al ritmo de la música en coordenados ritmos. Ella salió de una de las fábulas de "Las mil y una noche". Y como un roble que la tormenta no pudo derribar, danzó y danzó para nosotros. En su baile desplegó su gratitud, cada movimiento emanaba energía vital; un don para sanar cualquier corazón herido. Su imagen, sus movimientos armónicos y sus sonrisas quedaron grabados para siempre en nuestras mentes y nuestros corazones.

Patty en sus cuarenta y dos abriles, lucía joven y bonita. Cuenta con una facilidad admirable; a pesar de las dificultades y angustias, su rostro ofrece una sonrisa amigable, es de admirar, las cosas son más ligeras si se reciben con una actitud alegre. Ese día la madre parecía una joven colegiala, su cara estaba despejada, ver a su hija tan hermosa y danzando como una diosa, era su orgullo. Verla fuera de esa terrible experiencia, lo consideraba un milagro, la fe brillaba en ella, tenía la esperanza de tener un mejor futuro.

Verla sin miedos, retomando su belleza un poco aniñada; le daban a su madurez una plenitud total.

Mentalmente empoderé a los presentes, me incluí: *que este momento de felicidad y milagro, se extienda y quede para siempre grabado en nuestros corazones.*

☙☙☙

¿Por qué sucedió? O ¿Qué pasa en la psicosis y en la personalidad múltiple?

En mi humilde entender y de acuerdo a ésta experiencia:

@ *Cuando una persona no ejerce su libre voluntad, y deja que su vida sea manejada por otros, crea una condición que desmejora y consume su ser; es entonces que el cuerpo queda como una hoja al viento que cae y se eleva de acuerdo al impulso de la vida, y como la hoja, cae o puede levantarse para volver a* caer, y en alguna de esas caídas se estropea o daña profundamente o queda sepultadas para siempre. Son los muertos vivientes que están en los sanatorios mentales, sedados y sin el poder de decidir por sí mismos, incluso por ser mayores de edad. Los entes gubernamentales no dejan abierta la posibilidad que los padres decidan por sus hijos, y muchos mueren encerrados en los manicomios, una cárcel infernal creada por el hombre.

@ ¿Por qué llegan a ese estado? Como lo dije en la página 62: Es porque les ha pasado algo, la persona se siente abandonada, víctima de las circunstancias, culpable, atascada, apática, cansada, tiene miedo, ira, pena, tristeza, odio, asco, repudio, etc. Al no lograr corregir o aceptar esos sentimientos, lo único que hacen es suprimirlos, sin sentir la emoción a fondo y eso los adormece, o genera cambios de humor, o estrés que afecta el sistema inmune y todo su metabolismo energético, les genera problemas físico y emocionales, la fuerza de la vida les pesa, no tienen entusiasmo y entran a la inconsciencia, de ahí es un solo paso a la psicosis, la demencia, y todo tipo de problema relacionados con la psique.

@ Hoy entiendo que es importante descubrir al ser y permitir que el libre albedrio o la libre *voluntad se ejerza. Mi recomendación para los padres de jóvenes aquejados con estas dolencias: es que les permitan expresar su voluntad, incluso si al padre no le gusta. Es la vida de ellos. impúlsalos para que expresen sus opiniones para que tomen sus propias decisiones. A veces el amor desmedido de los padres, tratando que su hijo no sufra consecuencias de sus acciones; les hacen perder su voluntad, es ahí cuando el cuerpo queda como una hoja al viento, y vienen las almas desencarnadas, las que unos llaman fantasmas, las almas que no se quieren desprender de este plano de existencia. Y empieza una lucha entre ellas para apoderarse de ese cuerpo que no tiene voluntad, en el caso de personalidad múltiple.*

@ *Para mí esa es la razón. Cuando entendí que debía sanar a cada una de esas entidades que se disputaban el cuerpo de Jazmín, pude liberarla e inspirarla para que ella misma recobrara su voluntad.*

❧ ❧ ❧

Cada vez que le preguntaba y ella me contestaba:

—No sé.

Yo le volvía a preguntar:

– ¿Dime entonces a quién le pregunto?

Jazmín sonreía, se daba cuenta que ella tenía que decidir.

La llevé a centrarse en sí misma, a definir lo que era mejor para ella.

Hoy escoge con sabiduría, y sabe que de sus elecciones se desprenderán consecuencias. No tiene miedo a expresar sus sentimientos y decidir. Ella puede ser lo que quiera ser. Aprendió su lección sabe ejercer su voluntad, su dominio y su poder. Sé que inició sus estudios universitarios y le va súper bien, está por terminar su carrera profesional.

❧ ❧ ❧

Doy gracias a mis amigas sanadoras que fueron parte importante en la sanación de Jazmín. Ellas tienen también una historia que narrar que algún día contarán.

❧ ❧ ❧

Jazmín, fuiste un maravilloso maestro, me siento honrada de compartir esa experiencia contigo. Gracias por permitirme entender que la voluntad es nuestro legado más divino y lo único que de verdad nos pertenece. En este plano de existencia, podemos decir con absoluta certeza: *¡Es mía, solo mía!*

La siguiente técnica que compartiré contigo, está basada en las enseñanzas que he recibido del señor Robert Tennyson Stevens, Fundador y director de "Mastery Systems Corporation". Puedes ampliar tu conocimiento visitando: www.masterysystems.com

## TERAPIA DE LIBERACIÓN EMOCIONAL

*Los pasos a seguir son:*

### 1. Identificación

*Primero se debe identificar la energía.*

*¿Qué sientes? ¿Qué te molesta? ¿Qué te preocupa? ¿Qué te causa enojo o desilusión?*

*Ejemplo de las energías posibles que te lleguen como respuesta: sientes enojo, tristeza, rabia, etc. Así, vas una a una sondeándolas hasta que logres identificarlas, hasta la pereza es una de ellas.*

*Si no sabes exactamente cuál es, por favor pregúntate: ¿Qué estoy guardando, qué me pasa? Y esperas hasta que te llegue la respuesta. ¡Identifícalo!*

*Es muy importante que seas sincero/sincera.*

*Si te aparece el rostro de una persona, enfócate en la energía qué percibes de ella o él, y esa es la energía en que trabajarás. Ten presente que esa persona, llegó a tu vida para brindarte una oportunidad de aprendizaje, aunque tú no lo comprendas en este momento.*

### 2. Escanear

*Con la respuesta que tienes identificada, utilizas tu mente y la usas como un escáner. Pasas una revisión por todo tu cuerpo, hasta identificar en que parte está alojada esa energía.*

*Verifica nuevamente el punto específico o el órgano afectado de tu cuerpo. En algunos casos, como el estrés, se aloja en todo el cuerpo.*

*Nota: Si aún no la tienes plenamente identificada o no sabes en que parte de tu nuestro cuerpo está alojada. Debes volver al paso 1. Date permiso de sentir, puedes decir:*

*Yo me doy permiso de sentir..., o yo me permito sentir... ESA...*

Después de identificar la energía que te afecta podrás pasar al numeral 3

### 3. Sentir y desligar

Es preferible que lo digas en voz alta, si no, no hay problema, di:

Yo soy ESA... «Das el nombre de la energía ejemplo: Yo soy ESA tristeza»

Es trascendental decir ESA, porque con la expresión ESA, desligas la energía de tu subconsciente. Permite que tu cuerpo se exprese con libertad, dale permiso a que se pronuncie, ya sea por medio de: llorar, gritar, vomitar, reír, gesticular, estirar, etc., admite la energía y déjala salir. Tenerla represada, es lo que causa las enfermedades.

Cuando llegues a la culminación, al punto más elevado de dolor de ESA energía, o al sentir opresión en la parte afectada, le das tu aceptación. Paso 4

### 4. Aceptación

Con sentimiento profundo, dices: Está bien sentir, ESA... «ej., tristeza»...

Recuerda que a ESA energía, le has dado tu poder y debes quitarle la importancia. Aceptándola, recobrarás tu poder. Debes sentir la energía y vas al paso 5.

### 5. Trasmutación y voluntad

Luego aplicas y reclamas tu voluntad (libre albedrío o libre elección).

Como ya la aceptaste (paso 4), ahora buscas una nueva energía (la opuesta en este caso) para que la transmutes y la conviertas en tu nuevo estado emocional. Así:

Ejemplo: Yo elijo conscientemente trasmutar ESA tristeza en Mí alegría. Yo disfruto mi alegría.

(Mí, porque te posesionas de algo tuyo) y así conviertes:

Odio en Amor / Carencia en Abundancia / Hacer lo Difícil en Escoger hacerlo Fácil y Alegre / Estupidez en Inteligencia / Cobardía en Valentía. Etcétera, etcétera.

Yo elijo conscientemente trasmutar ESA... (___) en Mí. Y la transmuto en (___) Y así vas trasmutando cada una sucesivamente.

Puedes hacerlo cuantas veces quieras, te aconsejo un cada tres días o una semanal. Cada vez que transmutes una energía en la opuesta es importante que lo sientas. Es prioritario para que la nueva energía trasmutada, sea tuya, y date permiso para disfrutarla, ej. Yo disfruto mi alegría.

**6.** Por último, toma responsabilidad de tus diálogos internos y ten control de tu mente. ¡Se consciente!

Yo te empodero para que mejores y disfrutes tu felicidad. Me incluyo.

≈ ≈ ≈

Para terminar: cuando se vive un minuto de tensión, ira o dolor, requerimos como una hora para recobrar nuestro ánimo. Revisa tu vida y si los minutos de desasosiego son continuos, no vas a tener tiempo para recuperarte, el resultado es que tu mente se vuelve cada día más caótica y hasta estúpida.

Tú eres el único, el único que puede elegir como pasarás tus momentos futuros. Elige estar calmado y ponen tu mente en estado de alegría, así estará alerta y cada día serás más inteligente.

Repito: estar en estados latentes de confusión y frustración, crea una coraza de estupidez en el cerebro, cada día te enfureces más contra la vida y contra todos, por ende creas el efecto "boomerang", ley de causa y efecto, todo lo que sale de ti regresa a ti.

Cuando te permites y eliges ser apreciativo, viviendo en gratitud, te vuelves más inteligente y rejuveneces.

Eres un imán que atrae todas las energías que emanan de tu ser interno y eso manifestarás en todos los aspectos de tu vida.

Elige tranquilidad y vivirás en abundancia. Recuerda que el estrés es carencia. Tú tienes la respuesta para darle un cambio a tu vida.

Te invito a experimentar desde el amor y apreciación, únete a mi sueño de influir a otros en forma positiva.

ﾏﾏﾏ

**Un ejercicio simple y poderoso:**

Siente tu energía interna, la energía del espíritu y ponlo en acción: es el amor que emana desde el centro de tu ser «tu alma» y deja que esas vibraciones ínter-penetren tu ser, tu cuerpo y... a todos.

Lleva la respiración hasta el bajo vientre:

- Inhala profundamente, el sentimiento de **Apreciación** y exhala lentamente **gratitud**.

Inhala el **Perdón** y exhala **Compasión**.

Inhala el **Entendimiento** y exhala **humildad**.

Inhala el **Valor** y exhala el A**mor** para todo y con todos ¡Inclúyete tú!

Luego observa detenidamente a los seres que están a tu alrededor; cada cual está ejecutando una danza específica, en algunas vueltas de la vida se entrelazarán con la tuya.

Cuando las personas abran sus corazones y aprendan el lenguaje del cuerpo, será como leer en un libro abierto, podrán ver qué le sucederá a cada uno de sus seres queridos y tomarán los correctivos adecuados. ¡Envíales vibraciones de amor y gratitud! E ¡Inclúyete!

Siento un amor profundo por las personas que están recluidas en los sanatorios mentales. En realidad ¡Sé les puede curar! Ver ejercicio en la página 100.

La vida se escapa, cada cual se envuelve en sí mismo, olvidando mirar un poco más allá, a nuestros queridos hermanos, para que dancemos juntos en el rítmico vaivén de la vida, bajo el manto de nuestro creador.

¡Todos somos uno!

www.ingramcontent.com/pod-product-compliance
Lightning Source LLC
Chambersburg PA
CBHW021204020426
42331CB00003B/200